JN436571

문학사랑 시인선
067

꽃과 눈물, 웃음과 울음, 기쁨과 슬픔의 서정시

멀리서 달려오는 새벽

시월 최영호 제4시집

내 고장 칠월은 청포도가 익어가는 시절
이 마을 전설이 주절이주절이 열리고
먼 데 하늘이 꿈꾸며 알알이 들어와 박혀
하늘 밑 푸른 바다가 가슴을 열고
흰 돛단배가 곱게 밀려서 오면
내가 바라는 손님은 고달픈 몸으로
청포를 입고 찾아온다고 했으니
내 그를 맞아 이 포도를 따먹으면
두 손은 함뿍 적셔도 좋으련
아이야 우리 식탁엔 은쟁반에
하이얀 모시 수건을 마련해 두렴
이천십구년 오월 가일에 이육사의 청포도를
쓰고 그려보다 시월 산방에서

오늘의
문학사

멀리서 달려오는 새벽

나무와 바람뿐인 산방에서

풀벌레는 어느 누구의 곡비이기에
저토록 밤마다 슬프게 우는 걸까요?
촛불은 어느 연약한 소녀의 심사이기에
저렇게 쉬지 않고 흔들리는 걸까요?

정말 이렇게 살아도 되는 걸까
늘 스스로에게 물으며 고개 떨구지만
오늘도 혁신이 없는 답보상태의 정경입니다
가을마다 한 무리 기러기떼를 보게 하시며
산을 넘으라 하셔서 산을 넘었고
강을 건너라 하셔서 강을 건너 왔습니다
뒤돌아보지 말라기에 앞만 보고 달려왔습니다

위로보다 상처를 먼저 주시고
기쁨보다 슬픔을 먼저 맛보게 하셔서
큰 빛 받아 사랑길 가게 하신 랍오니시여

눈 비 번갈아 내리는 벌판에 서서
찔레순 같은 마음으로 글을 써 올립니다
후회할지도 모르는 일이지지만
나무와 바람뿐인 산방에 온기가 돕니다.

제2부 지상의 개벽

제3부 탈옥을 꿈꾼다

제4부 물 위의 성곽

제5부 일몰의 바닷가에서

제6부 엔딩의 미학

◇ 작품 감상

제1부

—

멀리서 달려오는 새벽

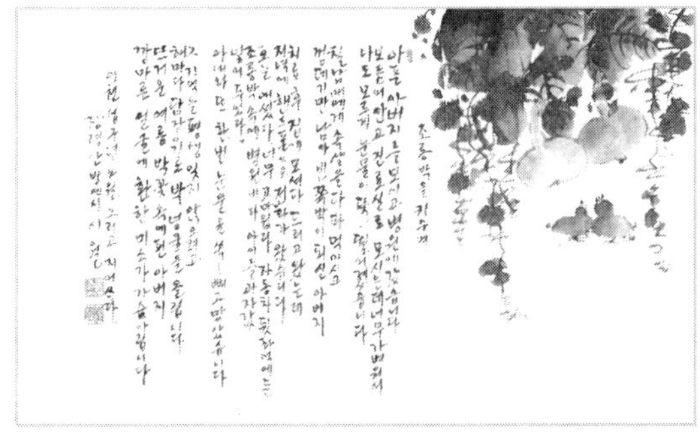

조롱박을 키우며 | 58cm×35cm 최영호

평정

바다가 꿈꾸는 꿈은 평정이다
하루라도 파도 없는 날이 없지만
바람 부는 날도 멀리서 보면 수평이다

탁발승이 노을을 보며 합장하는 것도
낭패한 이들이 가슴 풀어 마파람을 맞는 것도
온갖 욕망으로 오글오글한 내면의
평정을 갈구하기 때문이다

짙푸른 날이 바람으로 가고
껍데기 되어 낙엽으로 쓸려가기 전
쌓았던 시간들이 산산이 해체되어 지워지는
순간까지 모두가 꿈꾸는 평정

마그마 같은 열정과 불꽃 그딴 것 말고
바다 끝 긴 수평의 평온한 휴식 같은
늑골의 통증 없는 평정을 누구나 꿈꾼다.

하늘에서 온 별들

아름다운 작별을 위해
꽃피는 봄날에 만나자 했지요
사랑보다 더 깊은 고독은
잎이 돋아나기도 전에 숨어들었지요
못자국보다 더 아픈 눈물구멍으로
슬픔의 입자들이 새어나오면
호수보다 깊은 고향집 우물물 위로
하얀 배꽃이 하염없이 떨어져
밤새 잠 못 들어 뒤척였지요
괭이밥꽃, 싸랑부리꽃 위로 별이 뜨고
켜켜이 굽이치는 먼 산봉우리와 맞닿은
하늘바다엔 쪽배처럼 구름이 흘러가고…
아! 한 생애를 건너가는 나는
외로워서 더 깊은 세상을 보았고
슬퍼서 더 아름다운 사람들을 보았지요
가련한 것들로 아파서 행복했지요
만나자마자 헤어져야 될 새벽별처럼
흙에서 태어나 사람꽃 속에 사는 세상
알고 보면 모두가 하늘에서 온
반짝이는 별들이지요.

웃음의 등불

당신이 울 때, 내가 울음을 참아내는 것은
나조차 울면, 당신을 지켜낼 수 없기 때문입니다
슬플 때 같이 울기 위해서 사랑했지만
이제는 함께 웃기 위해서 참아내는 겁니다

당신이 울 때, 내가 눈물을 참아내는 것은
나조차 울면, 사랑을 지켜낼 수 없기 때문입니다
기쁠 때 같이 웃기 위해 사랑했지만
이제는 함께 행복하기 위해 견뎌내는 겁니다

당신이 울 때, 내가 고통을 참아내는 이유는
내 아픔보다 더 소중한 당신과의 약속을
봄날의 꽃처럼 아름답게 피워내기 위해섭니다

웃음을 불러들여 당신의 꽃밭을 밝히고
빛을 모아 앞에 놓인 어둠을 몰아내기 위해
이렇게 웃음의 등불을 켜들고 서 있는 겁니다.

화궁花宮

벌판으로 누군가 달려오고 있습니다
날망집 마당엔 벌써 혼인잔치가 한창입니다
사랑은 왜 애절하고 기다림은 푸른지
어린 벌레들도 풀그늘에 모여 아우성입니다

불혹의 나무들 사이로 장독대가 보이고
애들은 애들대로 재롱을 부리지만
번뜩 깨어보니 어느새 기러기는 가고 없습니다
얼레지 움튼 골짜기에 양수가 넘치는데
강 건너 웃음소리가 봄 햇살처럼 건너옵니다

잘려나간 산모퉁이 벼랑에 부엉이 울고
모래톱엔 도요새들이 먹이사냥에 열중입니다

오가는 곳 속속이 화궁花宮인 듯
움막집에도 반가운 손님이 찾아오고
아침 해를 반기며 누군가 손사래를 치는데
풀잎 너울에 바람도 좋아 환호성입니다

시시콜콜 개울물이 풀등을 떠밀며
물밑의 앙상한 다리를 노리지만
수양버들은 벌써 물 건너 어깨춤입니다

(문학사랑 2019년 봄호)

멀리서 달려오는 새벽

사랑의 화촉을 찬란히 밝히듯
가파른 공간의 벼랑에
몸을 날리는 저 꽃잎들을 보라

다시 태어나는 것은
동한의 아픔을 견디고 꽃피는 것
풀꽃 하나로 시작된 꿈이
눈물의 고통 없이 어찌 가능하랴

어둠이 깊을수록 새벽은 가까워지고
슬픔의 여린 풀잎 끝에
봄이 전설처럼 피어 오는 법

꽃 진 자리에 열매가 맺히고
흑암 후 동천에 여명이 밝아오듯
순정한 그대 눈물꽃 지면
멀리 동트는 새벽이 달려오리라.

갈대

울음 속을 파고 들어가 보면
가슴속에 피멍이 있다

피딱지 옷을 입은 갈대들은
몸부림치던 갈밭에 뭘 남기고 갈까?
눈물로 쏟아져 나온 물별들이
바람 속에 떨고 있다

오소소 소름이 돋아
서로 부둥켜안아도 마음은 절해고도
견딜 수 있을 만큼 참아도
동한의 칼바람 피할 묘책이 없다

멍가슴 울음소리 높여가며
덜덜덜 쓰러질 듯 흔들려도
발밑에 몰래 꽃싹을 키우고 있다.

하늘과 바람이 짓는 농사

여명을 밝히며 태양이 움 솟으면
어둠 속에 있던 것들이 봄나들이를 간다

개울 건너 오두막집의 어린 염소처럼
설렘은 칭얼거리며 먼발치로 따라붙고
황량했던 들판이 환한 웃음으로 깨어나
희락으로 가득 채워진다

나팔꽃으로나 한 번 활짝 피어 볼까?
구명산의 만월로 높이 떠올라볼까?
벌써 주인이 떠난 과수원이지만
꽃이 진 자리에 열매가 여물고 있다
농부 없이 하늘과 바람이 농사를 짓고 있다

전장의 병사처럼 치열하게 살지 말고
성난 바다처럼 출렁이지 말자
귀천의 시인처럼 청량한 바람이 되어
자작나무 잎이나 흔들며 노래하자

어둠을 걷어내며 세상은 밝아지고
농사는 하늘과 바람이 알아서 짓는다.

(대전문학 2019년 봄호)

안 해서 못하는 거야

세상을 너무 두려워하다가
실수나 실패를 절대 하지 않으려다가
더 좋은 기회를 노리며 미루다가
생각을 너무 많이 하다가
때를 놓치고
일을 놓치고
사람 놓치면
가슴에 후회만 남는다

사람을 너무 가리면 친구를 못 사귀고
아픔을 두려워하면 사랑도 못하는 법

실수는 모든 사람이 저지르는 것이고
실패는 또 하나의 어리석음에서 벗어나는 일이니
원하는 것을 해보라
될 때까지 해보라
못해서 못하는 게 아니라
안 해서 못하는 것이다.

사월의 꽃비

윤사월 저문 산비알에
밀월이 꽃비로 내리고 있다

종래, 그건 사랑이 아니었다고
스스로 억지를 부려도
저녁 햇살이 곱게 물들면
절로 애련에 젖는 미말의 적요.

여린 호흡이 하르르 꺼지고
분분한 바람 울음 없이 불면
붉은 목숨이 조용히 꽃비로 내린다.

벌 나비 음곡音曲 없이 떠나고
눌변의 후조만 돌아와 끼륵이는 밤
저문 산이 다투어 춤추듯
꽃잎 하늘하늘 곱게 날리면

아! 이보다 더 애달고 찬란한 순교가
이 세상 어디에 또 있으랴.

가위 바위 보

많이 가지려는 것도
이름을 남기려는 것도 욕심

동산의 고목나무는
속을 텅텅 비워가며 나이를 먹는데
나는 무엇을 버리고 얻었는가!

까짓 것 잊어버려!
훌훌 다 털어버려!
생각을 바꾸면 세상이 달라진다니까!
속을 비워야 마음이 대나무처럼 푸르지!
입은 대통이요 태평양인데
마음속엔 욕심이 태산이다

가위! 바위! 보!
텅 빈 손의 보가
잔뜩 움켜 쥔 주먹손을 이겼다

기막힌 발상과 선견의 게임이다
비워야 세상을 이긴다.

볏짚과 마른가지들을 보며

아! 빈들을 지키는 건 볏짚뿐이로구나
저 서릿발같이 차가운 벌판에
너만 깨어 가슴 헤치며 우는구나.

아! 본질은 어디 숨어 부동하고
현상만 남아 떨며 이 밤을 흩날리는가

흰 산도 긴 강물도 잠들었으나
가만히 땅 속에 귀 대고 기울이면
벌써 봄맞이, 빨래방망이 소리 들리는구나
만발할 냉이꽃내음이 향긋하구나.

마른 가지들아! 새순을 돋우거라
아가들아! 엄마 젖 빠는 소리 높이거라
생명 있는 것들은 모두가 다 깨어
참을 수 없는 희망으로 힘 있게 움 솟거라

홀연히 세상 끝나는 날
네 작은 이름도 호명되리니
그날에, 푸르른 이름들 다 모이리라.

풀잎 기상起床

새벽 안개비가
산허리를 끌어안고 울 때
양 어깨가 무거워 떨렸다

냉담으로 치열한 삶에
단장斷腸의 아픔이 일면
살아내기 위한 천형의 고통으로
얼굴이 홍역처럼 붉었다

일상 후, 장엄한 낙조 뒤로
애저녁 탈진한 바람이 잦아들고

이슬 털어내며 고개 드는
풀잎의 얼굴 위로
어머니 숨결 같은 아침 햇살이
다시 조용히 내리면

싫은 것, 미운 것 없이
삶의 무게와 깊이를 잊고
사랑 하나로 회생했다.

눈빛 속에 넣어둔 얼굴

꽃구름 보며 오늘도 당신을 생각합니다
처마 끝의 풍경소리가 잠을 깨우는데
하얀 찔레꽃만 울 넘어 와 웃고 있습니다

내 생애에 사랑은 하나뿐이라고
은밀히 실토하던 때가 엊그제인데
듣는 둥 마는 둥 굳은 약속은
돌려받지 못할 세월로 달아나고
제어할 수 없는 그리움만 만발입니다

막을 수도 붙들 수도 없는 길 끝에서
번번이 상투적인 그리움만
낡은 집 한 채처럼 드러누워
혼자일 수밖에 없다고 스스로를 달랩니다

참고 견디다보니 기다림도 아름다운 것
평생 눈빛 속에 넣어둔 얼굴 하나로
눈 녹이듯이 마음 따뜻하게 덥혀왔습니다.

삶의 선물 같은 그대

한적한 골목에 가난한 달이 떠
남몰래 울고 싶을 때
그대는 왜 말없이 깊어지는가?

비명도 없이
깜깜히 깊어지는 어둠 속에서
살아있음이 부끄러울 때
그대는 왜 내 곁에서 고요한가?

아무 말 없이
꽃잎이 달빛에 잠기는 밤
가슴 아린 연인이 되어
그대는 어찌 내 곁에서 미소 짓는가?

찢어진 깃발에
향기 없는 바람이 되어 흔들릴 때
그대는 어찌 부르짖지 않는가?

춥고 시린 아침에도
아무렇지도 않은 듯
어머! 여보. 눈이 왔어요
그대는 어떻게 그토록 천진한가?

어둠에 휘말리지 않고
눈 비 속에서도 눈부신
봄 햇살 같은 사람이여
그대는 어떻게 살구꽃처럼 따뜻한가?

희비의 경계선 없이
나목처럼 말없이 견뎌온
내 삶의 선물 같은 사람이여
그대는 어찌 눈비에도 젖지 않는가?

왜 피고 지는지 알겠습니다

바람이 따뜻한 걸 보니 당신이 오시는 줄 알겠습니다
꽃잎이 지는 걸 보니 당신이 가시는 줄 알겠습니다

태곳적 향수가 출렁이는 동산 위로
달이 뜨는 걸 보니 당신이 오시는 줄 알겠습니다
저기 별이 지는 걸 보니 당신이 가시는 줄 알겠습니다

이제 시각적인 느낌이나 향긋한 체취 없이도
당신이 오고 가시는 줄 알겠습니다

저 산자락 굽이치는 능선을 따라
무수한 사랑의 흔적이 전설이 되어 깔린 미몽의 길로
당신이 오고 또 가시는 걸 알겠습니다

매번 눈물로 꽃피고 몸을 던져 알찬 열매 맺는
당신이 오고 가시는 이유를 알겠습니다
흙속에 묻힐 이름들이 왜 피고 지는지 알겠습니다.

마음의 거울

얼굴은 마음의 거울입니다
인상이란 얼굴에 나타난 내면의 성품을 말함이요
인상이 좋다는 말은 성품이 좋아 보인다는 뜻입니다.

얼굴은 마음의 기상도氣象圖입니다
작금의 사람의 속내가 그대로 드러납니다
찡그린 표정은 마음이 괴로운 것이고
미소를 머금은 얼굴은 평온한 마음입니다.

사랑할 때, 분노할 때의 심정이 얼굴에 나타납니다
욕심 많은 사람인지, 마음 비우고 사는 사람인지
내면의 상태와 품성이 그대로 풍겨 나옵니다.

얼굴은 그 사람의 궤적軌跡입니다
물을 건너왔는지 가시밭길을 헤쳐 왔는지
아니면 꽃길로만 걸어 왔는지
지금 어떤 마음으로 살아가는지 다 보입니다.

얼굴 하나로, 내가 모난 돌인지, 둥근 돌인지
사람들이 읽어낼 수 있습니다, 부끄러운 모습
들키지 않도록 거울 닦듯 마음도 잘 닦아야 됩니다.

일벌

한 달밖에 살지 못하는데
벌들은 왜 죽자고 일만 할까?

고들빼기보다 못한 목숨
벌통에 귀 대면 울음소리 들린다
죽는 일이 두려울까?
사는 일이 더 두려울까?

수양버들이 머리 풀고 우는데
벌이 화분花粉을 뒤집어쓰고 지나간다
날개 접고 생각해볼 시간도
남은 목숨이 얼만지 가늠할 여유도 없다

어린 애벌레들이 죽죽 커 올라오는데
새끼들 먹여 살려야 되는데
어디 그럴 틈이 있겠는가?

그 사람 일벌레야
일밖에 모르는 일충이야
함부로 말하지 마라
다 새끼들 때문이니까.

만인산에서

봄 한철 격정의 꽃길을 지나
돋아난 잎들이 온 산을 덮는다

굽어 도는 봉수레미골
짙어진 녹음의 터널을 걸어가면
푸른 바람에 가슴이 설렌다

향그런 웃음소리에
연모는 꽃무더기로 쌓여가고
꽃술처럼 맑은 마음이 솟아올라
머룻잎 사이로 날아간다

까맣게 서로 잊고 살던
만산 초록의 운해가 둥실 떠올라
호젓이 머들령을 넘는데

산굽이 무성한 눈빛들이
꽃봉오리처럼 활짝 눈을 뜬다.

꽃잎 선물

내 몸이 내 것이 아닙니다
내 목숨도 내 것이 아닙니다

푸르디푸른 버들가지였다가
봄 사월 눈부신 꽃송이였다가
일몰에 강가에서 우는 바람입니다

어둑어둑 낯선 손님처럼
해설피 *곡강시曲江詩를 열어보니
몸보다 그림자가 더 길어졌습니다

강물 따라 큰 웃음으로 가는 길목
벗어 놓은 신발에 꽃잎이 가득입니다
머무는 법 없는 바람의 선물입니다

모두가 내 것이 아닙니다
빌려 쓰고 가는 꽃잎 입니다.

* 곡강시(曲江詩) : 두보의 시로 생칠십고래희라는 말이 나온다.

광야에 서서

삽시간에 닥친 퇴락의 도래를 끊고
광야 위에 맨발로 서고 싶다

조용히 빗겨가는 계절
멀리 아침 햇살 은은히 떠오르면
치렁한 고뇌를 털고 일어나
바람말로 광야를 달리고 싶다

한 가닥 긴 목청을 뽑아
긴 꼬리 수탉처럼 꿈을 울며
횃대 위에서 꽃피듯 날갯짓 하고 싶다

해지고 달이 뜨는 밤
울고 웃던 노래 한 소절 띄워
속삭이듯 그대에게 들려주고 싶다

물새알 같은 설렘을 안고
가슴 푸르도록 달려보고 싶다.

제2부

—

지상의 개벽

산 | 57cm×37cm 최영호

달빛 수상

달빛이 꼬리를 물고 내려와
지붕 위의 흰 박꽃을 다독이고 있습니다

어둠이 베어 먹고 눈썹만 남은 달빛에
텃밭에 대궁 붉은 메밀꽃들이
하얀 이를 드러내놓고 웃고 있습니다

편안히 마루에 앉아 찻잔을 들고
태곳적 창천에 뜬 성좌를 바라보니

미몽인 듯, 세레나데가 깔린 하늘바다로
달빛이 꽃비처럼 쏟아져 내려와
여린 풀꽃들을 달래주고 있습니다

포근한 빛에 곤한 가슴을 묻고
소리 없이 뿜어내는 샤론의 향기에
어여쁜 사람이 그리워지는 밤입니다.

* 브런치 카페 팡시온에서

몰라

가난한 집 뜰에는 분꽃도 예쁜데
있는 집 마당엔 왜 벌레도 안 우는지 몰라.

분이야! 옛날 느네 집 울타리에는
호박꽃도 참 예뻤는데
난 지금 흐드러진 왕벚꽃 아래서
왜 이렇게 쓸쓸한지 몰라.

어릴 적 토방에 앉은 너는
거뭇해도 둥근 얼굴 참 사랑스러웠는데
화장발 작렬하는 갸름한 아이돌에게서는
왜 그런 느낌이 없는지 몰라.

없는 집 마당에는 바람도 놀러와 뱅-뱅 정겨운데
부잣집 뜰에는 왜 풀꽃도 안 피는지 몰라.

분이야! 옛날 느네 집 초가지붕에는
하얀 박꽃도 참 고왔는데
난 지금 치솟은 아파트 돌집에서
왜 이렇게 그리움만 가득한지 몰라.

볕 좋고 너른 집 놔두고
살짝 짠 냄새 코끝에 묻어오던
너 살던 오두막집이 설레는지 몰라.

(2018년 대전문학 가을호)

사비성의 풍월

– 백제의 수도 부여에서 –

어둑한 일몰의 등 뒤로
한 세기 창연蒼然한 역사가 뜨고
뇌성 후에 열린 개벽의 하늘로
맑고 푸른 별이 돈는다

속울음 다 비워낸 후
고궁의 뼈로만 남은 일장一場의 운무
활활 타오르던 열왕기 속의 여흥은
패멸敗滅의 오욕과 눈물로 흘렀다

우러른 행성의 궤도처럼
공전의 길로만 달려온 도성의 숨결

흙속의 묵은 씨앗을 깨우는 바람도
만선어획의 꿈을 접은 강물도
피안의 안식인 듯 유유하다
달빛만 격렬하게 일렁이고 있다

빛도 깜깜한 어둠도 삽시간
텅 빈 하늘에 풍월만 귀골이다.

사막의 독도에서

밤 새워 쓴 시, 아침에 보니 늙었다
낙타 타고 지나는 노상老商을 보는 것 같다

모래바람 날리는 노변에
파리한 꽃봉오리가 개화를 꿈꾸고 있으나
누가 봐도 *〈페르 귄트〉의 몽상이다

예리한 생각들을 교환하며
천지가 길인데 제 길 찾지 못한 채
목공이 어부인 줄 착각하고
사막에서 장도리 들고 어획을 노리는 형국이다

장고의 무거운 침묵이
이브에 외양간의 경배를 잊고
움막에서 산타(Santa)를 기다리는 목동이다

혼자 작은 섬으로 떠
마음만 늘 베두인처럼 설렌다.

* 입센의 희곡 〈페르 귄트〉의 주인공으로 평생을 몽상으로 방랑생활 하던 사람이다.

지상의 개벽

– 고난주간에 –

풀꽃 스러진 외길 끝
돌 위에 십자가 우뚝 서있다
여린 몸에 낙뢰처럼 떨어지는 채찍
두 눈에 눈물이 뜨겁다

만면에 가득한 경련
엘리 엘리 라마 사막다니
대못 박혀 피 흘리는 신음소리
명치끝이 아리다

아! 온몸으로 받아내는 고통이여
뜨겁고 광명한 저 복음이여
저녁닭 울음소리 삼키는 저녁
어둠에서 푸른 별이 돋는다

그림자 한 자락 길게 물고
쓰러지며 걸어간 거친 돌밭 길로

부활인 듯 풀꽃들이 피어나고
불러 모을 소문도 없이
마력에 끌리듯 양떼들이 몰려간다

울어줄 새 한 마리 없는 갈보리
군화발소리 요란하던 골고다에
어둠이 가고 태양이 떠오르고 있다

치욕의 용광로에서도 소멸되지 않고
무덤에서 소생을 기다리고 있는 생령
가장 처절하게 자신을 버려
가장 아름다운 꽃을 피워내고 있다

새벽빛처럼 불현 듯 다시 솟아
어둠을 뚫고 달려올 영원한 생명
뼈들 일으켜 세울 지상의 개벽이다.

황혼의 들녘

불패의 신화는 원하지도 않습니다
뇌리의 모니터 화면이 깜깜히 꺼질 때까지
지속할 수 없는 생生을 원망하지 않고
들숨 날숨의 각성에 늘 감사할 뿐입니다

파발마 탄 군사들보다 더 빠르게
떼 지어 몰려오는 분란의 순간과
지름길로 내달려 달아나는 고육의 시간들

죽음은 화강암보다 단단하고
영혼은 민들레 꽃씨처럼 가벼워져 날리는 법
호흡 한 줌도 달빛처럼 아까운
모색暮色의 향연이 꽃향기처럼 설렙니다

오늘 피어난 꽃으로도 족한 황혼의 들녘
피랑의 협곡을 굽이굽이 돌아와서야
비로소 얻게 되는 마음의 평온입니다.

천복天福

끝이 천길 벼랑인 줄
빤히 다 알고 가는 길

새벽닭 울 때 떠나
그 울음소리 아직 귀에 쟁쟁한데
벌써 해가 지다니
소풍도 이제 막바지다

몸 녹일 틈도 없이 달려와
잔등을 더듬거리는 매운 겨울바람

빛깔도 향기도
모두가 그림자였다는 걸
고작 깨닫는 길 끝에
붙잡을 손이 있어 다행이다

작고 따뜻한 손
당신이 내 천복이다.

투신

청호반새 한 마리가 말뚝에 앉아
초학에 걸린 듯 몸을 파르르 떨더니
자맥질을 시작한다

헛 물질에도 탈혼의 맑은 얼굴
깃을 털어가며 총알 같이 몸을 내던진다

격한 자웅질이 벌써 반나절
산그늘이 내려와 호수를 거반 덮어가는데
연달아 고나 꽂는 투신의 반복
힘든 건, 새나 사람이나 똑같나보다

산다는 건, 번번이 자신을
세상에 송두리째 내던지는 일이다.

히자강의 맹그로브 숲에서

해안선을 따라 잔병들이 도열하듯
좌우로 푸른 목숨들이 줄지어 섰다

맹그로브 숲을 흔들던 바람처럼
허공에서 놀다 시은소로 돌아가는 시간
차마 뿌리치고 떠날 수 없는 작별이다

사뿐히 피안으로 돌아가는 길
울면서 왔으나 떠날 땐 노래하며 가야한다

모두 창세로부터 뿌리 깊은 인연이니
눈빛 하나 흔들림 없이 지키면
크고 작은 자 없이 사랑이 불러낼 것이다
황홀한 만남에 가슴 뛸 것이다

멀리 가슴 흔들며 활활 붙는 휘장
어느새, 따라온 강물도 붉게 물들었다.

어둠을 떠나는 당아새에게

몽상의 울음소리에 눈을 뜬다
빛과 어둠이 나뉘는 시간
이제 조용히 빛의 세상으로 가야한다

구름 위에 둥실 누워
초록바람에 가볍게 밀려
저기 빌딩보다 높은 능선을 지나
빛 가림이 없는 땅으로 가야한다

씨앗을 부지런한 농부에게 돌려주고
아픔은 흐르는 강물에 던져 넣고
어둠의 경계를 홀로 넘어서야 한다

꿈꾸는 자만이 견딜 수 있는 고통
긴 울음 솔 우듬지에 고스란히 두고
미완의 빛이 숨 쉬는 여명을 뚫고
푸른빛이 쏟아지는 숲으로 가야한다

욕심 없이 비워도 가득한 곳
바람도 들뜬 낙안으로 가야한다.

일주문에 기대어

허름한 바람 집 한 채
허공에 둥-둥 띄워놓고

산머리에 걸린
구름 한 조각처럼 살다가
귀로에 달빛이 홀연하다

찬바람에 옷 갈아입는 나무처럼
왕래의 조영照影이 다를 뿐
오고 감이 하나일 것이다

시간 가는 줄 모르고 놀다가
자목련 아래서 잠시 가쁜 숨 돌리고
번롱翻弄 후 단풍잎 된 저녁

삶과 죽음의 일주문에 기대어
삼동 후 부활을 꿈꾼다.

(문학저널 2019년 1월호)

다시 봄날로 돌아가는 것

우린 매순간 죽어가는 게 아니라
매순간 다시 태어나는 거야!

아침마다 신경망이 뻗어간 네 얼굴을 보면
어딘가로 바삐 흘러가는 강물이 있지

맨몸으로 모연母淵을 떠난 지가 엊그젠데
달빛 냄새가 솔솔 나는 건초더미를 지나
벌써 왕래의 의문이 교차하는 시간이야!

일식 월식을 여러 번 지나며
힘들 땐 곤한 잠이 얼마나 그리웠어!
봄마다 툭툭 떨어지는 목련꽃 아래서
향내 맡으며 꿈꾸던 일이었잖아!

꽃등 밝혀 들 봄날로 돌아가는 거야!
또 다른 개화를 꿈꾸며 평상에 누워
세마포 새 얼굴로 단장하는 거야!
치렁한 머리 감고 양모 옷으로 갈아입는 거야!

사람들 속의 힘겨운 외로움을 벗고
새벽 어디쯤 조용히 혼자 떠나는 거야!
꽃들도 하늘을 향해 피어 있잖아!

씨앗의 꿈

화강암처럼 단단한 꿈이
시간이 가며 홀씨처럼 가벼워진다

뿌리치지 못할 인연을 끊고
한 올 한 올의 머리칼 날리며
돌아올 수 없는 길을 가지만

바람도 붉어가는 저녁
고향으로 돌아가는 길은 쉽다

길 없는 땅을 외로움으로 떠돌다
물과 흙의 보금자리에 몸을 맡겨
부활을 꿈꾸는 한 알의 씨앗

언젠가 심혈관의 세계를 너머
죄 없는 땅에서 다시 태어나리라.

와사등

찔려도 피 한 방울 안 나는
냉엄한 계절 끝에
움켜쥔 손이 아무리 야무져도
눈 떠보면 먼발치 붉은 석양이다

현란한 꿈자리 다 털어내고
빈 골목을 지키고 선 와사등 하나

해거름, 결별이 만남이 되고
빛과 어둠의 상극이
환상의 조화가 되는 일몰 후

비로소 어둠속에서 살아나는
미동의 초연한 빛이 있다.

내가 나에게

네가 제일 소중한데
맨날 너를 제켜놓고 살았어

사실 나도 늘 가위 눌렸어
수치심에 죽고 싶을 때도 있었지만
널 살리려면 어쩔 수 없었어

계획은 하나같이 부결되고
얽힌 인연은 도리 없이 끊어져
다 떠나면 결국 너 혼자 남는 것을…
앙상한 골격이 마음 아파

때 늦게 옹색한 말이지만
너무 미안해
수고 많이 했어
정말 고마워

다음 생애엔
내가 껍데기로 태어나서
널 먹여 살려 줄게.

명월의 해후

산허리 울창한 구상나무 위로
가르마 타듯 바람이 이마를 스친다

불변의 약속인 듯
어둠 속에서 발출하는 광명
혼돈을 뚫고 솟은 달이 만삭이다

바람도 구름도 마음은 하나
어느새 뒤따라와 걸음을 재촉하는
동행의 궤도가 청정하다

뜬봉샘에서 금강으로
굽은 강물 끝에서 너른 바다로
빈손으로 왔다 한 길로 돌아가는 길

몽상의 꿈에서 깨는 날
홀연한 해후에 반가울 것이다.

모색의 바람꽃들

말더듬이처럼 힘겨운 언어들이
반복되는 발작에 자주 혀가 찔린다.

즐겁게 휘파람이 불며 놀던 친구들
모두 가파른 너덜겅에 걸려
질척한 울음으로 비애를 뿌리고 있다.

목성 어디쯤에서나 깨어났을 선인들
그 화려한 명성과 미모도
무성한 모략과 책략에 힘없이 스러졌다.

약을 주고 때 맞춰 물을 줘도
길가에 맥없이 드러누운 가을꽃들
귀 열고 가만히 누워 들으면
낙숫물소리가 가슴으로 젖어온다.

해도 달도 속절없이 기울어
모색의 회한에 젖은 바람꽃들
양달에 지친 어둠 속에서 별을 본다.

갈대숲에서

호젓이 갈대숲에 앉아있으면
누군가 다가와 앉는 소리가 들린다
삭삭- 책장 넘기는 소리가 들린다

흙에서 솟은 내 스무 살처럼
무수한 초록의 언어들이 가득한 풍경

물떼새 울음 같이 산뜻하고
배롱꽃처럼 화사한 음색으로
어루만지듯 스치는 청랑한 소리가
끊임없이 눈빛으로 귀로 들어온다

수많은 새들이 보금자리를 틀고
웅숭깊은 시어들이 줄줄이 탄생하며
붉은 저녁이면 새들의 군무가 펼쳐지는
애틋한 풀벌레들의 고향에서

조용히 물과 하늘을 바라보고 있노라면
키워온 무거운 짐들이 다 벗겨지며
조금도 가난하지 않은 사람이 된다.

물로 빚어진 사람

균형을 잃지 말아야지
다짐해도 걸음이 휘청인다
풋것이 알밤 흉내 내던 때가 엊그젠데
어느새 살비늘 떨어지는 가을이다

한밤에 돌연한 천둥과 벼락
벌써 껌껌한 터널을 여러 번 지나왔다

검은 쥐 왕래에 꽃숭어리는 시들고
신록이 그리운 늦가을 추동 꽃밭인데
낯선 길 가듯 주춤주춤
경동맥 혈액이 저속으로 말라가고 있다

언제부턴가 시작된 회귀
바람에 실려 가는 뼈인 줄 알았는데
이제 보니 물로 빚어진 몸이다

세상 구석구석을 쓸고 돌아
바다로 흘러가는 작은 물방울이다.

틈 사이에서 흔들리는 것들

사는 이유를 알든지 모르든지
틈 사이에 있는 것들은 모두가 힘들다

빛과 어둠 사이에 발광하는 하루살이들
가을과 겨울 사이에서
활기 잃고 시들어가는 곤충들
중년에서 겨울로 접어드는 고령의 사람들

사각사각 팔부능선을 갉아먹는 시간이 되면
모두가 휘둥그레진 변화의 틈에서
모발이 푸석하다

바람은 어디에서 근원하여 예까지 왔을까?
가슴 흔들고 가는 그 끝은 어디일까?
손끝에 와 닿는 부드러운 흙의 모성도
갈밭을 휩쓰는 서늘한 울음도
모두가 응답 불능의 물음부호다

다만, 쓰고 목말라 연일 흔들려도
그것이 곧 내가 살아있다는 증거다.

제3부

—

탈옥을 꿈꾼다

함박꽃 같은 미소에 봄 햇살보다 따뜻한 당신

| 35cm×26cm 최영호

저녁빨래

불씨 꽃씨 다 날리고
하늘에 둥근 달만 덩그렇다

사랑은 왜 퍼주고도 모자라는가
가슴 다 비워도 부족하다

냉기 가득한 마당에
빨아 넌 이불 홑청이 춤을 춘다
뚝뚝 떨어지는 물이 다 눈물이다
장딴지에 회초리처럼 아프다

눈 속에 발 묻고 핀 복수초처럼
바람 속에 웃고 있는 아내
실눈이 가늘게 떨린다
왜 웃느냐 뜻을 묻지 못 하겠다

꽁꽁 언 손안의 기도 속에
하얗게 빨고 싶은 하루가 진다.

그런 사람 되었으면

칼에 베어도
상처 하나 생기지 않는 물 같은
그런 사람 되었으면

길이 없어도
길을 만들어 가는 강물 같은
그런 사람 되었으면

무서리에도
호박잎처럼 풀 죽지 않고
활짝 향기 뿜어내는 국화처럼
그렇게 살았으면

산 넘고 바다 건너와
온갖 풀꽃들을 키우는 봄바람처럼
그렇게 살았으면

누구나
온화하게 어루만져
꽃피워주는 그런 사람 되었으면
그런 사람 되었으면.

묘혈

도굴꾼이 훑고 지나간 무덤에
홍마노빛깔의 골분이 동안거 중이다.

빈 가슴도 남지 않은 굴혈 속에
성스러운 어느 순교자의 명성이
청호반새의 푸른 날개처럼 윤기가 난다,

꽃잎이 번갈아 달을 희롱하고
벌이 꽃밭을 돌며 꿀을 거두어가듯
광음에 닳고 바람에 접힌 지체가 녹아
채집할 수 없는 회한으로 누워있다.

불꽃 튀는 생사의 경계를 지나
솜처럼 가벼워진 애락을 깔고 누운
탁발승의 민머리 같은 어둠의 기억들

고육을 걷고 붉은피톨을 말린 후
애당초 아무것도 없었던 듯 고요하다.

입 따로 생각 따로

뭔가 알 듯 싶은데 모르겠어
철이나 들고 갈지 모르겠어

남은 해가 한창인데
누군가에게 말도 못하고
무거운데 내려놓지 못하겠어

빗발 눈발 속 열렬히 지나
산 넘어 물 건너 왔는데
가물가물 기억도 끊어질 때가 있어

그래도 고맙지. 그러니까 살아냈지

문장은 주춤주춤 짧아지고
행간은 고육苦肉에서 점점 멀어지고
문장부호만 줄줄이 늘어선 저녁

입 따로 생각 따로
세월에 운기運氣 몽땅 굴복하고
길 끝이 조용히 저물고 있다.

나 떠날 때

나 등 돌리고 떠날 때
짧은 글 한 줄을 남기리라
질기고 험한 세상
바람 속에 흔들리며 살았어도
그 사람 때문에 좋았다고

나 이름 지우고 떠날 때
나직이 노래 한 곡 부르리라
미간으로 흘러내린 시간처럼
개킴살 숨기지 못했어도
그 사람 때문에 행복했다고

나 몸 벗고 떠날 때
하늘로 기도 한 줄 올리리라
조명이 꺼진 무대처럼
한 생이 어둠 속으로 스러져도
그 사람 때문에 감사했다고.

명편

– 박정하 장로님을 보내며 –

소리 한 잎 없는 외길 끝을
황토 빛 햇살로 덮었다

단풍잎 닮은 생이 어둠을 안고
썰물처럼 빠져나가간 후
명편으로 남은 순례의 서사시

구렁진 풍상의 여정에
만 송이 향그런 꽃을 피워내어
만방에 씨앗을 뿌리고 간 삶은
일향 주바라기의 블록버스터였다

머언 별에서 지상으로
땅에서 다시 소망의 하늘로
큰 웃음만 달덩이처럼 남긴 채
앞서 꽃길로 떠난 영혼

별이 지듯 사랑은 가고
따뜻한 흔적만 가슴에 남았다.

무기수無期囚

몇 마디 아픔의 말조차
허용치 않는 낯선 고육苦肉에 갇혀
옹기종기 모여 가슴 떠는 풀잎들처럼

괴로운 날에는 세상이 싫었고
스스로 갇힌 옥獄에서는 세상이 궁금해서
나팔꽃처럼 담 너머 세계를 그린다

꽈악 끼인 문틈 사이로
황소바람이 차갑게 파고드는데
목숨 식어가는 늦가을 꿀벌처럼 누워
푸른 하늘을 올려다본다

죽어야 끝이 나는 빈자의 고독한 숙명
모래밭에 멋진 그림을 남겨보고 싶었지만
파도 한 번으로 지워질 흔적이었다.

말복

열정의 계절이 다 가기 전
시든 애벌레처럼 두 눈을 감고
꽃잎 붉은 배롱나무를 가만히 껴안았다.

떠난 뒤에 후회하지 말고
오늘 붙들고 풍금 소리처럼 울어보자고
미어지는 가슴 남몰래 달랬다.

혼자 가슴앓이 하며
그리워하거나 섧거나 말거나
너는 모른 듯이 잿더미속의 불씨를 외면하고
나는 잎보다 꽃을 먼저 내미는 생강나무처럼
온몸의 불이 꺼지지 않도록
황홀한 햇살을 종일 빨아들였다.

팔월의 녹음 속에 숨어 울며
어미 찾는 스랭이골 뻐꾸기처럼.

널 찾아가고 싶어

밤마다 머리맡에 앉아
꺼지지 않는 등잔불처럼 켜있는
네 생각을 그만 꺼버리고 싶어

아침마다 가슴을 긋고 가는
라임 오렌지처럼 상큼한 네 목소리도
이제 그만 잊어버리고 싶어

우수수 꽃잎 떨어지는 벤치에서
속이 다 빠져나간 박 쪼가리처럼 앉아
가슴 무너지는 일도 그만 두고 싶어

이제, 어디든 찾아가고 싶어
강 건너 산 너머 내달려
너 있는 곳까지 꼭 가고 싶어.

바라는 것 없는 날

바라는 게 없는 날은
마음이 텅 비어서 좋다

가난해서 외롭고
헤어져서 슬프고
사랑해서 괴롭고
그리워서 아프고
등 뒤로 들리던 네 울음소리
힘겨워서 눈물 났는데

아! 이제 늙어서 좋다

무디어져 좋고
덜 아파서 좋고
일이 망설여져 좋고
덜 욕심나서 좋고
두렵지 않아서 좋고
덜 뜨거워서 좋다

바라는 게 없는 날은
비움으로 가득차서 좋다.

오늘 같은 내일이었으면

돌아오지 못할 길을 떠날 땐
바람처럼 뒤돌아보지 말아야한다

모감주나무 곁 양달 집에 살며
마음 짓고 허물다 돌아가는 골목엔
목숨꽃 붙잡을 덩굴손이 없다

층층이 모양과 색깔이 달라도
쓰디 쓴 건 매 한 가지
불혹도 지천명도 서늘한 일각이다

오르막 내리막길 힘겨워도 한때
좋은 일 나쁜 일 때가 되면 작별이다

남아도 모자라도 이만하면 다행인 걸
뜨락에 꽃피는 날 차 한 잔 감싸들고
달려오고 달아나는 세월을 돌아보니

더도 말고 덜도 말고
오늘 같은 내일이었으면 좋겠다.

고독의 알파와 오메가

인간이 원하는 바가 아니지만
고독하지 않은 사람은 없다

고독은 질량이 아니라 추상이다
구름이 먼 산을 가로질러 가면
고독은 가슴을 관통하고 지나간다

영혼의 뿌리에 고독이 있다
성공적으로 공연을 끝낸 배우가
텅 빈 객석을 바라보며 느끼는 공허
실패한 사람이 최후에 겪게 되는 고독

기쁨, 슬픔, 희망, 절망 어떤 상황이든
인간의 마음이 있는 곳엔 고독이 있고
생의 절정에도 끝에도 고독이 있다

고독은 존재의 증명이다
나는 고독하다 그러므로 존재한다
나는 인간이다 그러므로 고독하다.

동백 꽃물

혼자 제 속을 갉아먹는 독백
할 수 없었지. 아니 어쩔 수 없었지

기억을 태우고 잔영을 지우려다
기어코 불거 터진 틈 사이로
발등에 빨간 눈물방울이 울컥 떨어졌다

바람 한 점에도 날이 서
꼬박 새벽까지 뒤척이는 동안
수없이 부서졌다 다시 조합되는 물방울처럼
거대한 파도가 산처럼 거듭 밀려왔다

달빛이 부서져 내리던 밤
무참한 세월 후에도 꺼지지 않고
언뜻 잿더미 속에서 살아나는 불잉걸

그것은 마력에 피고 바람에 지는
피보다 붉은 동백의 꽃물이었다.

입동의 놀빛

개울물 소리가 영혼을 씻습니다
슬픔을 끌어다가 지어 놓은 듯
노을이 민머리로 물들어오면
핼쑥한 얼굴에 가벼운 미소
한로를 지나 이미 겨울입니다

더 머물 수 없는 시간
단풍잎은 기지개를 켜며 발원지를 떠났고
바람 위에 얹힌 쓸쓸함만
앙상한 나뭇가지 위에서 떨고 있습니다

어제는 푸른 달빛에
꽃이 춤추며 꽃잎을 피워냈고
오늘은 나뭇잎 밟히는 골짜기에서
한 줌 남은 온기를 붙들고 있습니다

벌겋게 물든 장엄한 놀빛이
천공을 가로질러 가슴까지 젖어옵니다.

슬픔

슬픔은 내 안에서 산다
안식이 간절할수록 깊이 파고든다

새벽 종소리에 절절히 엎드리면
목울대까지 솟는 울음이
젖은 나뭇잎처럼 어둠속에 깔린다

말갛게 씻고 또 비워도
다시 도모할 수 없는 시간의 회귀

하얗게 늙어도 죽지 않는 슬픔은
깊은 허방에 참연히 엎드려
평생 기쁨과 짝이 되어 산다

닿지 않는 가슴 곳곳을 더듬어
송이송이 붉은 꽃을 피워낸다.

동림저수지

새들이 사는 갈대숲에 가면
누군가 다가와 곁에 앉는 소리가 들린다
스윽-스윽 책장 넘기는 소리
초록의 언어들로 가득한 속사연들이
바람 입을 통해 낭송된다.

청호반새 울음 같이 산뜻하고
배롱나무 웃음 같이 화사한 음색
억만 풀잎과 스치는 청량한 소리가
어깨 너머에서 눈빛으로 들린다

새들과 풀벌레들이 새끼를 낳고
웅숭깊은 시어들이 탄생하고
저녁이면 가창오리의 군무가 펼쳐지는
애틋하고 여린 것들의 고향

가만히 물과 하늘을 보고 있노라면
한껏 풍요로운 마음이 된다.

짝사랑

아무 것도 보이지 않고
아무 말도 들리지 않았다

비창에 몰두하는 동안
지상은 송두리째 무채색이 되고
세상이 온통 텅 빈 것 같았다

살았는지 죽었는지
물 없는 수렁에 굴러 떨어져
몇 날을 파닥이고 있었다

뜨락에 하얗게 쌓이는
달빛만 걷어 먹으며 견뎠다

그 슬퍼서 아름다운 때를.

(문학사랑 2018년 겨울호)

도시의 얼굴

– 대전역에서 목척교까지 –

밤늦은 열차는
술 취한 사람처럼 흔들리며 들어왔다

칡꽃 같이 수수한 사람들이
서둘러 플랫폼으로 쏟아져 내리고
잠시 후 경적을 울리며 기차가 떠나면
사람들은 채찍 같은 바람을 안고 흩어졌다

쥐 죽은 듯이 고요한 도시 한 복판에
이리저리 쓸리는 낙엽들처럼
골목골목으로 송두리째 인적이 사라지면
거리는 온통 폐허의 도시

백주의 겉모습이 아무리 화려해도
어둠을 깔고 앉은 도성은 유령처럼 보였다

그것은
뜨거운 핏줄의 광기로 달아오르다가
밤이면 폐허의 성으로 압화 되는
야누스의 두 얼굴이었다.

탈옥을 꿈꾼다

어느 항구나 섬에 닿지 못하고
돛대도 없이 떠도는 나룻배 같다
얼굴 묻은 무릎 사이에서 가끔 헉 소리가 난다

여름 숲에 몰래 핏빛으로 물든 나뭇잎처럼
누구나 마음 한 켠에 뼛속까지 물든
붉은 단풍나무 한 그루씩 자라고 있으리라
사방팔방 둘러봐도 도망칠 곳 하나 없는 곳에서
엉엉 울고 싶을 때가 있으리라

누구 탓할 것 없이 무력을 곱씹어보는 저녁
대책 없이 끼득거리던 하루가 저물며
슬픔 하나가 또 어둠속으로 진다

곤히 심신을 잠 속에 밀어 넣고 있는
아내의 귓전에 소리 없는 용서를 구하며
오늘도 깜깜히 탈옥을 꿈꾼다.

밀물 썰물

어느 날은 벌레 먹은 나뭇잎 같다가
어느 순간엔 푸른 잎 같이 말짱하다

화전 밭 일구어 작은 집을 짓고
땡볕에 곡식 가꾸며 아이들 키울 땐
힘들어도 즐겁고 행복했는데
심신이 편안한 지금은 마음속에
허망이 바닷물처럼 들락날락 한다
어머니 아버지 생각도 들락날락
가끔 옛 친구 생각도 들락날락 한다

어느 순간엔
감사와 기쁨이 밀물처럼 무더기로 밀려왔다
한 순간에 썰물처럼 멀리 빠져나가
텅 빈 모래밭이 되어 허전하다

아내와 함께 결론을 짓는다
이게 다 해가 뜨고 지는 이치라고
하루가 가면 절로 밤이 오는 징조라고…
뉘엿뉘엿 기우는 해를 바라본다.

제4부

—

물 위의 성곽

등불 하나로 온 세상을 밝힐 수 있습니다

| 36cm×25cm 최영호

대청호의 봄

허리 휜 물푸레나무 사이로
안개꽃 몇 송이가
물 먹은 별처럼 껌뻑이고 있다.

열없이 서릿발 걷어내며
꿈인 듯 푸르게 걸어오는 그대
언 몸이 햇살로 달아올라
홍이 돋은 어깨가 절로 들썩인다.

항상 부러 묻고 싶고
절로 잊고 싶던 긴 그림자
어머니 젖무덤 같은
고향의 부드러운 흙과
노을빛 기억을 돌려받고 있다.

이제나 저제나
떡갈나무 위에 조각달은 서성이고
부엉이 소리 머언 기슭으로
새 힘을 얻은 봄날이
그 날처럼 밀려오고 있다.

무인도無人島

사람 속에 무인도로 떠 있다
손전화를 열면 시공의 위치가 있지만
나는 그 시간 속에 있지 않고
버뮤다* 제도에 한 섬으로 떠 있다

군함도 같이 까만 역사를 껴안고
차마 내비치지 못할 속사연을 품고
달려와 가슴 내리치는 파도와 맞서고 있다

출렁이며 스쳐가는 만 톤 함선에서
일당이 발광하듯 비웃음을 던져대고
끼룩끼룩 괭이갈매기들이 지청구를 해도
대해에 부동으로 떠 있는 섬

나는 이 너른 지구와 별 사이에
오직 한 사람 그대에게만
내방來訪을 허용하고 싶은 무인도다.

* Bermuda : 북대서양 서부에 있는 150여개의 환상의 무인도 섬이 있는 곳이다.

바닷물이 달빛에 끌리듯이

당신을 기다리지 않겠습니다
길 위에 깔린 달빛 조심스럽게 밟으며
이제 그대 마중을 나서겠습니다

더 이상 그리워하지 않겠습니다
사각사각 낙엽 밟는 소리 귀 기울여
다시 살아오는 슬픔을 따라 나서렵니다

오지 않는 사람 탓하지 않고
봄빛 환한 꽃길로 찾아 나서렵니다

개울물이 바다를 찾아가듯
바닷물이 달빛에 절로 끌리듯이
눈물길 따라 그대 찾아 나서겠습니다.

물 위의 성곽

지시랑물이 돌을 뚫고
소 같은 사람이 산을 옮긴다는 말씀
석탄불처럼 달아오를 땐 귓등으로 들었다

장마철 양철지붕 같이
온몸에 통증으로 두들겨 맞을 때에야
구급차 신호등처럼 정신이 번쩍 든다

매번 후회보다 멀리 앞서가는 세월

어둠에 까맣게 절여지는 시간을
더듬거리지도 않고 달려가는 바람 같이
먼 바다로 흘러가는 하루하루가 석화石火다

해녀의 고무옷에 스며드는 해수처럼
낙담할 겨를 없이 멍든 노을이 오체로 물든다

생은 쌓으면서 무너지는 모래성
깃털 같이 가벼운 물 위의 성곽이다.

라끄블루*

바람의 빛깔로 채색되는
대청호반의 달빛 속 궁전이다

청자 빛 찻잔을 들고 앉아
창 너머 파랑 호수를 바라보면
아테제 호숫가 리츨베르크*를 보는 듯
몽환의 향취가 연모로 젖어온다

물빛 선율로 달려온 바람이
푸른 햇살을 모아 노랫말을 읊고
밤이면 스란치마 끌리듯
달빛이 은빛 물너울에 쓸려오는 곳

그곳에선 사람도 그림이 되고
사소한 대화도 밀어가 된다.

* 대청호반의 브런치 카페
* 오스트리아의 화가 〈구스타프 클림트〉가 그린 〈아테제 호숫가의 리츨베르크〉 마을 풍경.

사랑

아무도 사랑하지 않을 때
사랑이 뭔지도 모를 때
사랑받고 있는지도 모를 때
사랑 때문에 내가 태어난 줄도 모르고
다른 사람이 나를 사랑해서 아파하는 줄도 모를 때
사랑할 대상도 모르고
그래서 사랑하는 방법도 알 필요가 없을 때
몰랐던 사랑

사랑이 뭔지 알고
사랑하는 사람들이 생기고
사랑 때문에 설레고 쓰리고 아프고
사랑 때문에 죽을 맛, 살 맛 다 보고난 후
사랑은 줄 것 다 주고도
다 주었다고 말할 수 없는 것이라는 걸 깨닫는다.

우물 속의 얼굴

달꿩나무 꽃잎을 살짝 젖히면
우물 안에 푸른 달이 숨어 있습니다

새벽이 오기 전에 깨워야 되는데
풀벌레소리만 귓전에 들이댈 뿐
수줍은 듯 말 한마디 못하고 돌아갑니다

강을 건너 고개 넘어 달려와
익은 능금볼로 가만히 들여다보는 소년
가슴속에 숨겨둔 고백은 무엇일까요?

봄마다 그리움이 천명인 줄 알고 찾아와
사랑내 폴폴한 얼굴로 훔쳐보고 갑니다

그 체취와 눈망울 잊지 못해
지워지지 않는 이름 하나 품고 와
몰래 우물 속을 들여다보고 갑니다.

영웅의 비망록

– 파리 개선문에서 –

미지의 땅 구석구석을 달려도
피안의 땅은 어디에도 없었다

내달려본 세상은 거대한 거울벽
모략과 명운의 격전지에서는
전략도 용병도 무용지물이었다

역암처럼 강한 불패의 명장도
귀결은 질풍 끝에 나락
만 갈래 자유로운 길은 길이 아니었고
꽃잎도 꽃잎이 아니었다

들숨 날숨에 살을 내주고
뿌리 깊은 욕망과 바람에 뼈가 깎이고
문득 불똥처럼 튀쳐나가
태초로 돌아간 이름뿐인 영웅들

필연의 풀잎 끝에서는
눈부신 영광도 슬픔도 하나였다.

뭐 어떤가?

꽃 지고, 봄이 가면 어떤가?
우리도 풀꽃인데 때가 되면 시들 거야
한 번 왔으면 언젠가 돌아가야지

기죽지 말고 눈 뜨고 힘 좀 내봐
너만 힘든 세상 아니니까
산도 자세히 보면 힘겨워 엎드려 있는 거야
바다도 때론 속이 뜨거워 펄펄 끓는 거야
뻐꾸기도 속이 답답해서 딸꾹질하는지 몰라

저기, 저 가을 하늘 좀 봐
먹구름, 흰구름 다 지우고 푸르잖아
걱정, 근심 버리면 우리 마음도 맑고 푸를 거야
욕심 내지 않으면 이별도 두렵지 않을 거야

꽃이 지고 봄이 가면 어떤가?
철 따라서 왔다가 때가 되면 가는 거지

얼굴 환하게 살다가 꽃처럼 떠나야지
갈밭에 바람처럼 노래 부르며 가야지
훨훨 날아서 하늘나라로 가야지.

봄을 여는 꽃

겨울의 한복판을 가로질러 온 자가
봄날 꽃 대궐을 걸을 수 있다

풀꽃들이 누리는 자유와 기쁨을 보라
해마다 한 번씩 처연히 죽고
죽어서 다시 피어나는 꽃들을 보라
너는 일생에 몇 번 죽어봤는가?
죽어서 피워낸 꽃이 한 송이라도 있는가?

풀들은 아름다우려고 애쓰지 않는다
깊은 호흡과 인내로 겨울을 이겨내고
자연스럽게 핀 것이 예쁜 꽃인 것이다

내 안에 거친 광야가 있고
네 안에도 모진 겨울이 있다
그걸 이겨내야 봄이 오고 꽃이 핀다

죽어야 된다면 만 번이라도 죽어서
한 송이 꽃을 피워내는 것이 인생이다.

새벽별이 질 때까지

하늘과 땅 사이에 둥-둥
너른 땅에 어디 나 살 곳이 없겠는가

어둠과 바람은 어디서도 출몰하는 법
물 좋고 정자 좋은 곳이 아니어도
별이 꼬리를 물고 떨어지는 땅이면 된다

씨앗을 얻어 심어 고운 꽃을 만나고
꽃과 작별하고 단 과육을 얻듯
악천후 속에서도 은혜로 맺어진 인연

매일 연모하는 눈으로 서로를 보며
머들령의 청보리처럼 푸르게 살다가
희락과 연민을 버리고 가야겠다

단잠 후 새벽별 질 때까지
초록순 같은 마음으로 살아야겠다.

봄에서 가을을 지나

원시림에 꽃이 극락조처럼 개화할 때
피 끓는 경련이 강물에 일었다

단물 빨리고 목이 잘린 수수깡들이
흰 물새 소리 들으며 강가에 몸을 뉘었을 때
G선상의 아리아 속도로 가을은 흘렀다

가쁜 숨으로 옷깃을 여미는 광야에
이지러진 물상들이 향수를 뿌리며 지나가고
교회당의 종소리 허공을 가로질러 갈 때
아무도 일러주지 않은 바다로 달리는 초승달

동경하고 탐색하던 대양이 점점 가까워지는
헤일 수 없이 많은 별들이 뜬 천궁으로
산울림 같은 행렬의 기행은 점점 멀어졌다

소실점 끝으로 퇴색의 시간이 스러지며
연가가 하늬바람처럼 뺨을 스치고 지나갔다.

바람의 소리

산기슭에 난꽃처럼 앉아
호젓이 벌레소리를 듣는다

줄기 끝에 눈물 한 방울
한나절 소리 없이 울고 나면
시작과 끝을 알 수 없는
눈물이 강물처럼 불어난다

변변한 웃음 하나 짓지 못하고
쓰러져 누운 마가목 자리엔
곡비의 흐느낌이 가랑비로 젖는다

고단한 일 없이 말라가는 입술
마중물 없이 돌아가는 길에
풀머리 머플러처럼 날리면
바람 속에 영험한 소리가 들린다

가까스로 헤쳐 온 길
물방울 하나 강물이었구나.

강산이 물들다

목화송이 같은 흰 구름 사이로
몽글몽글한 햇살이 쏟아져 내리면
장미꽃이 너무 좋아 얼굴이 발갛습니다

꽃물 든 아내가 갓 시집왔을 때
맨발로 은하수 건너가듯 다가가서
들깻잎에 코를 묻고 감흥하던 모습입니다

해보다 달빛을 더 좋아하던 두 사람
송이송이 마음 담아내는 꽃밭을 돌아오니
어느새, 강산에 단풍잎이 한창입니다

하늘하늘 꽃잎 떨어지는 등 뒤로
별무리가 강물인 듯 흐르는데
새떼들의 군무연기 일몰에 장관입니다.

새벽별

새벽에 일어나 별을 바라보면
나도 반짝이는 별이 된다.

밤새 톱밥 같은 잡념들을 어둠 속에 털어 넣고
눈꽃 같이 날선 정신으로 하늘을 보면
핫팩 같이 따뜻한 별 하나
밤새 찬 강물에 깨끗이 씻어
모빌처럼 하늘에 걸어놓은 것 같다.

넋이 빠진 좀비처럼
의지 없는 몸뚱이만 밤새도록 헤매다 돌아온 새벽.

한 때 찬란했던 외로움도
이제는 황톳물 속에서 향방 없이 부유하는데
새벽에 일어나 하늘의 별을 바라보면
머릿속의 핏줄이 새로 깐 배관처럼 뻥 뚫려
갓 태어난 별이 된다.

깜깜한 어둠속에 웅지 품고 앉아
발광發光을 꿈꾸는 사람들이 별이다.

봄을 기다리는 사람

기다리지 않아도 오는 봄을
기다려야하는 사람의 눈망울을 보았는가?

남이 알아챌 수 없게 눈꺼풀 가늘게 떨며
칼바람이 빠져나간 텅 빈 숲에서
이끼 낀 바위를 돌고 또 보며
까마귀처럼 서성이는 사람을 보았는가?

물 없는 강물에 빠져 떠내려가다가
불 없는 화염 속에 묻혀
가슴 까맣게 타는 사람의 눈망울을 보았는가?

버들잎 푸르고 꽃송이 눈부실 때
다들 들떠 들로 산으로 떼 지어 떠날 때도

기다리지 않아도 오는 봄을 기다리는
춥고 배고픈 사람의 눈망울을 보았는가?

십이월

추운 날, 하루 종일
시를 쓰고 종이를 찢었다

슬픈 바다를 헤쳐 온 말들이
거친 파도처럼 쓸려와
하얗게 물거품이 되었다

철없는 것이 농사짓는다고
여름 내내 애면글면하더니
굵은 능금 알은 없고
낟알 몇 개와 조롱박이 열렸다

바람이 쉼 없이
헤진 가슴에 안겨왔다 가고
한겨울, 빈 들녘에
누더기 된 허수아비처럼
쓸쓸히 혼자 서 있다

벌써 해는 기울어지고
머언 별을 우러른 시선에
망년의 하늘이 물들고 있다.

꽃가루 속에 묻혀 살아도

접동새 울음소리를 들려다오
낙낙장송의 푸른 바람소리가 그립구나

피톨이 찢어지며 발성되는
어둠 속의 죄 없는 네 성스런 목소리
깊은 밤에 다시 듣고 싶구나
거짓말처럼 지체 없이 돌아가고 싶구나

샘에 맑은 물이 고이듯
차오르는 까마득한 날의 결별의 아픔
꽃잎 날리듯 살아서 돌아오는구나

희락과 생사는 끝이 있어도
애모의 정은 세월이 가도 끝이 없는 법

꽃가루 속에 고개를 묻고 살아도
창망한 날의 네 푸른 목소리
오늘밤 귓가에 나직이 듣고 싶구나.

(충청예술문화 2019년 1월호)

초승달 타고 거품놀이

겨루듯 밤낮 없이 열을 올려
쪽배를 타고 거친 바다를 누볐다

해조음이 어렷한 갯가에
아롱아롱 꽃이 피고 질 때마다
생욕은 뜨거워도 가슴 한쪽이 허전했다

열없고 편안한 날 없이
가마솥인 양 날마다 진땀을 고아내며
마음을 졸이고 뜻을 굴려가며
질풍 속 파고를 넘어 달려온 시간들

어느새 붉은 일몰 뒤로
깜깜한 그림자만 체구보다 길어졌다

결박을 풀고 돌아보니
하늘바다에서 둥둥 초승달 타고
구름으로 거품놀이 한 꿈이었다.

(대전문학 2018년 겨울호)

은행나무 아래에서

언제까지 엄마 젖만 만질 수 없어
그리움 속에 숨겨둔 너
이제 수레바퀴를 돌려 구렁을 벗어나야 해

울어도 소용없어
어둠이 너무 깊어 눈물도 말랐으니까
사막 어디쯤 떠 있을 내 청춘
미세먼지 가득한 산성비에 젖어 있을 거야

네가 가는데 무슨 상관인지
네가 죽는데 왜 목젖이 떨리는지
이제 우체통도 필요 없어
보낼 편지도 돌아올 편지도 없으니까

혹시 네가 지나갈지
약속도 없이 기다리던 늙은 은행나무 아래서
어정어정 군내 나는 열매들을 밟으며
혼자 술빵처럼 부푸는 가슴

이제 엄마 품을 떠나야 해
플라타너스 향기 날리는 그늘을 지나
황금빛 물결치는 넓은 벌판으로.

제5부

—

일몰의 바닷가에서

지붕의 조롱박 위로 초승달 | 56cm×33cm 최영호

어머니의 땅에서

들 까마귀 산 까마귀 다 보이지 않고
파밭에 찬바람이 맴돌고 있습니다

이집 저집 뒤란에 저녁연기
그 끈끈한 연모가 울 너머로 흩어지고
너덜겅 머랭이에 갈잎들이 서걱입니다

언제부터일까?
온몸이 허공에 둥둥 떠가는 게…
시골집 처마 밑에 사위어가는 등불처럼
호수에 발 묻은 겨울나무처럼
여린 숨결이 하늘 끝에 가 닿습니다

해거름에 밟아보는 어머니의 땅
돌멩이 하나까지 따듯한 젖가슴 같은 곳
이곳에서 산노루처럼 살고 싶습니다

물레 잣던 손으로 가슴 휘저어
온갖 감정 가릴 것 없이 느껴보며
노여움도 조바심도 없이 늙고 싶습니다.

웬 또 기침이여!

오십년 전에 술래잡기하던 바람이
고향집 마당에서 맴돌고 있다
아버지가 바람 되신 지 스무 해
나 어릴 적부터 늙은 소나무는 고조부시다

속살 보이며 뒹구는 나뭇잎들의 옹알이
살던 집도 반은 바람이 되었고
반은 바람 따라 가고 있다
미래보다 훌쩍 커버린 과거에 가슴 눌려
한 소금 자고 새벽에 일어나 보니
울에 걸터앉은 나팔꽃이 활짝 웃고 있다

술통 된 노인이 웃으며 지나는 길에
아버지의 기침소리에 깜짝 놀라 돌아보니
매양 내 기침소리다
늙어도 여전히 늙은 자식 걱정
"웬 또 기침이여!"
어머니 걱정소리에 눈물이 핑 돈다.

일몰의 바닷가에서

꽃이 피기도 전에
바람이 왜 봄을 재촉하는지

꽃이 지기도 전에
나무는 왜 열매를 준비하는지

여름이 가기도 전에
나뭇잎은 왜 이별을 준비하는지

노년의 시간이 모래알처럼 쓸려가는
일몰의 바닷가에 서니
그 마음을 알겠다

자식이 다 자라기도 전에
사람들이 왜
아들 딸 결혼 준비를 하는지.

달밤에 그림자밟기

마음이 빈집의 달빛 같습니다
개울 물소리 훙건한 파꽃 향에
그리움이 애벌레처럼 파고듭니다

떼어 놓을 수 없는 기억 언저리의
어거馭車가 불가능한 사색의 유랑
움막 아래 홀로 선 모습이
맨몸으로 비를 맞는 허수아비 같습니다

숭숭 뚫린 가슴으로 점점 한기가 들고
바람개비 되어 떨리는 입술로
메마른 신음소리가 새어 나옵니다

마음 가는 데로 살아도 겪게 되는
비바람 속의 발열과 두통
체념하듯 날은 쉬이 저물어가고
꽃길에도 송이송이 눈이 내립니다

씨 한 톨에서 양명揚名을 구하나
달밤에 그림자밟기 놀이었습니다.

송곳

모르겠다
앞으로 지나야 될 터널이
얼마나 되는지
희미한 기억의 매장지 어디쯤
여지껏 썩지 아니한 추상의 뼈들이
어디로 유실되었는지

해질녘, 향방 없이 서성이는 골목에
뇌혈관을 적시며 으슬으슬 내리는
진눈깨비 속의 무단한 향일向日

아직도 모르겠다
접근을 불허하는 건널목 저편의
왜 그대의 슬픈 얼굴이
아직도 송곳이 되어
가슴팍을 꼭꼭 찌르는지.

뗏장

여러 해 아무리 애써도
어머니 무덤에 뗏장이 안 붙는다
살아서 잘하지 죽은 뒤에 무슨 소용이냐고
속에서 열이 나서 그러실까

갈 때마다 꽃을 사다 바치고
죄송하다 말씀 드려도 소용없으시더니
팔 년째 되는 해에 가 뵈니 뗏장이 붙었다

이제 화가 풀리신 걸까 다행이라 생각했는데
삼 년이 지난 후 또 뗏장이 떨어졌다

괘씸해서 그러신 걸까
십 년째 되는 기일에 자식들 둘러 모여
명년부터는 집에서 추도예배나 드리자고
의논하는 말을 들으셨을까
정성들여 돌봐도 안 붙는다

제가 살아있는 동안은
기일마다 찾아뵙도록 하겠습니다
아무리 말씀 올려도 뗏장이 안 붙는다

한 번 속지 두 번 속느냐고
자식 길러봤자 다 소용 없는 일이라고
그러시는 건지 안 붙는다

가신 지 이십 년째 되는 해
지팡이 짚고 가 뵈니 뗏장이 잘 붙었다
잔디가 꽉 절어 붙었다
이제 너도 늙었으니 오지 말라고
힘 부치니 염려 말고 그만 오라고

어머니!
박박 기어서라도 꼭 오겠습니다
그것도 안 되면 업혀서라도 오고
그조차 안 되면 모든 걸 접고
아주 어머니 곁으로 오겠습니다

하늘 어머니 주룩주룩 흐느끼시고
뗏장에 들러붙어 나도 따라 울었다.

(2018년 문학사랑 가을호)

연꽃 한 송이

바람만 스쳐도 잉태하는 슬픔은
눈부신 꽃가지에서도 피어났다.

호랑가시나무 숲을 여러 번 지나
금빛 너울로 뒤척이며
버들잎 흔들리는 강가에서
지는 해를 바라보는 망월忙月 낙조

가슴 쓸어내리며
함께 꿋꿋이 견뎌낸 세상에서
산다는 게 상처로 얼룩지는 일이지만

너와 내가 피워낸 삶은
진펄에서 일궈낸 한 송이 연꽃이다.

거울 속의 얼굴

주인이 곧 떠날 집 같다
웃을 때 눈 밑에 잔주름이 자글자글
이승과 저승 사이에 경계는 없다

해가 달을 쪼아 먹고
달이 해를 번갈아 삼키는 동안
꿈꾸던 계수나무와 토끼를 잃었다

엄마- 하고 부를 수 있었을 때의 평온함
아버지- 라고 불려 질 동안의 고단함

다시 흙으로 돌아가는 길목에 서니
기쁨과 슬픔, 의미의 논란이 필요 없이
살아온 날들이 모두 행복이었다.

제 색깔 자기 모습으로

산속에 산다고 마음이 맑은 게 아니고
사람 속에 산다고 영혼이 흐린 건 아니다

사람을 고상한 경지로 이끄는 것은
외모가 아니라 내면에 품고 있는 생각이다

우아한 자태는 골격에서 나오는 것이 아니라
고결한 품성에서 나오는 법
선한 의지에서 착한 행실이 나오는 것이다

작은 씨앗 속에
온갖 아름다운 색깔의 유전자가 들어있어
저마다 예쁜 꽃을 피워내는 것처럼
우리도 가슴 속에 좋은 뜻을 품어
세상에 아름다운 삶을 피워낼 일이다

빨갛게 노랗게 그리고 파랗게
모두가 제 색깔 자기 모양의 꽃을 피워
아름답게 어울리는 세상을 만들 일이다.

등산

굳이 말해주지 않아도
산에 가는 이유를 알겠네

북새통 난전을 훌쩍 떠나
사각사각 섬망을 밟으며 오르는 길
속세는 멀어질수록 좋고
산은 깊을수록 더욱 좋다네

딱히 원망은 없으나
뒤돌아보고 싶지 않은 세상
되돌아 내려올 길인 줄 알면서도
일렁이는 숨결 즐겁기만 하네

아무 근심 없이 어슬렁
시비 가릴 것 없이 첩첩이 올라
오는 길을 잃어버리고 싶네.

설산

별 하나 없이 눈 내리는 밤
나의 꽃들은 어둠 속에 떨고 있다

어린 가슴은 왜 끊임없이 무너지는 걸까?
누더기 된 마음에 둥지를 튼 문답
한껏 푸른 새벽 종소리가 그립다

새 광목천 같이 밝고 구수한 시선과
가혹한 행렬의 이글거리는 눈빛
굳이 말하지 않아도 알 것 같은 의지가
어둠의 터널을 뚫어가고 있다

홀연히 날개를 펴 젖어가는 노을
걸음은 점점 아다지오로 저속이 되고
고동치던 혈류음도 귀에 잘 잡히지 않는다

어둠 속에 기러기소리 희미한데
파문 없는 심사만 오롯이 설산이다.

씨앗의 꿈

화강암처럼 단단한 꿈이
시간이 가며 홀씨처럼 가벼워진다

뿌리치지 못할 인연을 끊고
한 올 한 올의 머리칼 날리며
돌아올 수 수 없는 길을 가지만

바람도 붉어가는 저녁
고향으로 돌아가는 길은 쉽다

길 없는 땅을 외로움으로 떠돌다
물과 흙의 보금자리에 몸을 맡겨
부활을 꿈꾸는 한 알의 씨앗

언젠가 심혈관의 세계를 넘어
죄 없는 땅에서 다시 태어나리라.

그리움으로 족하다

철쭉꽃 같은 그리움을
가슴에 안은 채 살아가도 좋다

소나기 같은 울분도
토란잎 같은 마음으로 받아내며
봄 햇살 같은 눈빛으로 떠돌다
낙화처럼 가볍고 깨끗한 말로
"여기 아무개 없소?"
빈집에 대고 뻐꾸기처럼 묻고 싶다

발 닿는 곳으로 떠돌다 지치면
달맞이꽃으로 밝아지는 마을
주인 없는 흙집에 들러
감국 걷어 말린 차를 끓여 마시며
밤새 너를 떠올리고 싶다

흘러간 것은 흘러간 대로 두고
그냥 물망초 같은 그리움을
가슴에 안은 채 떠다니고 싶다.

오늘

내일 내가 살아있을지
그 다음 날 네가 살아있을지
아무도 알 수 없지만
오늘 하루 살아 있어 행복하다

내일 내 길이 오르막길일지
그 다음 날 네 길이 내리막길일지
아무도 알 수 없지만
오늘 하루 평탄한 길이어서 좋다

내일 내게 기쁜 일이 있을지
그 다음 날 네게 슬픈 일이 있을지
아무도 알 수 없지만
오늘 하루 웃을 수 있어 감사하다

알 수 없는 미래에 대한 근심으로
오늘의 행복을 깨지 말자
오늘 행복해야 내일도 행복하니까.

여름밤

착하고 가난한 월견초는
꽃술에 달빛이 반가워서 울고

죽은 지 십년 된 바람은
댓돌 위의 고무신 한 켤레를
어루만지며 울고

혼자된 어머니는
탄광촌으로 매형을 따라간
가난한 누님을 생각하며 울고

나는 밤새도록
어둠을 잘근잘근 씹어대는
풀벌레소리에 잠을 설친다

엮인 인연으로 아프고
슬퍼져서 황홀한 밤이다.

의문부호

풀꽃 앞에 조용히 앉아
생의 문장부호들을 점검해본다

자음 한 획, 말 한 마디가
힘이 되고 절망이 되는 세상
파발마처럼 내달려온 성난 파도가
빈 둥지 속으로 쏟아져든다

자력으로 거부할 수 없는
미생이 된 욕구들의 끝없는 열화

궤적의 바람이 팽팽한 현을 울리니
움 솟을 낙원을 찾은 듯
씨앗들이 일거에 머리를 쳐든다

하루를 마감하는 벼랑 끝에
갖가지 의문부호가
깃발처럼 펄럭이고 있다.

목탁 속에 사는 새

지금 행복하냐고 묻기 전에
살아온 세월이 어땠냐고 물어 주오

월영산에 둥근 달 뜨면
아직도 가슴이 떨리느냐고 묻지 말고
오늘 아침 안녕하냐고 물어 주오

목탁 속에 새끼 치고 사는 새는
날마다 염불이 두렵다오

열 삭은 뼈다귀엔 한 벌 옷도 버거우니
내 간절함이 그대에게 짐이 된다면
해묵은 소망조차 걷어 들이겠소

꽃이 꽃밭을 떠날 때 기분이 어떨지
쑥대밭에서 쓴맛 보며 생각중이요.

(한국작가 2018년 겨울호)

눈물이 반짝이는 이유

세상에서 가장 빛나는 것은 눈물이다
눈물이 반짝이는 이유는
누군가의 슬픔일지 모르기 때문이다

사람속의 꽃이 되지 못하고
누군가에게 기쁨이 되지 못하고
손 한 번 따뜻이 잡아주지 못한 채
말라붙은 붉은 잎 하나

진눈깨비 휘젓고 지나간 후
진펄에 남은 것은 눈물뿐이다

그것이 가장 반짝이는 이유는
어둠 속 총총한 별 아래
고단한 삶 속에서 나왔기 때문이다.

황혼의 들녘

불패의 신화는 원하지도 않습니다
뇌리의 모니터 화면이 깜깜히 꺼질 때까지
지속할 수 없는 생生을 원망하지 않고
들숨 날숨의 각성에 늘 감사할 뿐입니다

파발마 탄 군사들보다 더 빠르게
떼 지어 몰려오는 분란의 순간과
지름길로 내달려 달아나는 고육의 시간들

죽음은 화강암보다 단단하고
영혼은 민들레 꽃씨처럼 가벼워져 날리는 법
호흡 한 줌도 달빛처럼 아까운
모색暮色의 향연이 꽃향기처럼 설렙니다

오늘 피어난 꽃으로도 족한 황혼의 들녘
피랑의 협곡을 굽이굽이 돌아와서야
비로소 얻게 되는 마음의 평온입니다.

심마니

가랑잎이 데굴데굴 굴러가면
마음도 서둘러 따라 간다

한동안 뜸하더니 가슴이 출렁
언덕에서 가을바람이 흐느낄 때마다
갈참나무 울음이 심연으로 떨어진다

오랜 몽상 끝에 이른 낙안
이제 어디쯤 휘돌아가고 있는 것일까?
토박이 곤줄박이만 나와서 반긴다
그 미세한 날갯짓에 호흡이 떨린다

잡초도 알고 보면 약초요
기쁨도 결국 슬픔의 자식이라고
혼자 초록순처럼 내뱉는다

터 잡고 떨어진 한 알의 씨앗
평생 쓴맛을 업으로 찾는다.

제6부

—

엔딩의 미학

파랗게 돋는 새싹을 보라 | 56cm×35cm 최영호

말걸

서두르지 말걸
이렇게 빠른 것을

뽐내지 말걸
한철 풀꽃인 것을

애태우지 말걸
다 지나가는 것을

욕심내지 말걸
이렇게 가벼운 것을

떠벌이지 말걸
다 정리해야 될 것을

원망하지 말걸
이렇게 감사한 것을.

울음으로 다가가는 길

평생 자성自省과 울음을 동무하여
만나고 작별하는 인사를 나눕니다
그분의 위로가 몰약처럼 값지지만
죄책은 깃대 끝에서 쉼 없이 흔들립니다

밤을 새워 긴 편지를 쓰고
진종일 참회록을 읽고 또 읽으며
쏟아내는 눈물 주체할 수 없습니다

영혼은 짓밟혀 낙엽처럼 찢기고
앙가슴 버림받은 꽃잎처럼 떨려도
한 걸음 한 걸음 더 가까이
오직 햇살 같은 그대 얼굴만을 향해
나는 오늘도 울음으로 달려갑니다

이 미숙함과 색깔을 익히 아시는
당신의 손바닥 안에 놓여진
나의 양식은 참회와 눈물뿐입니다.

친히 나무에 달려

생살 찢고 피를 쏟아
깨끗이 씻어주고 싶었으리

심장의 물을 쏟아
무모한 허물과 속성
말갛게 씻어주고 싶었으리

농익은 죄상 못 박아
모조리 불태우고 싶었으리

천길 벼랑으로 떨어진 영혼
속죄로 끌어 올려
구렁에서 구해주고 싶었으리

죽지에 날개옷 입혀
훨훨 날려주고 싶었으리

목숨 주고 나를 살려
사랑하고 싶었으리.

바람의 뜻

바람 탓을 했지만
뒤돌아보니 다 바람의 덕분입니다

바람이 구름을 몰고 와 단비를 뿌려주고
먹구름을 밀어내어 햇볕을 찾아주고
남풍이 불어 갯가에 섬초들이 자라고
북풍을 타고 철새들이 날아와 낙원을 이루고

바람 탓만 하며 살았는데
지나고 보니 다 바람의 은혜입니다

바람이 불어 뿌리가 더 깊어지고
꽃이 피고 수정이 되어 열매가 되고
훈풍이 불어 언덕에 풀꽃들이 피고
찬바람이 일어 담장 아래 국화가 피어나고

바람 탓만 하며 지내왔는데
얻은 것 보니 다 바람의 은덕입니다

가슴에 바람이 일어 사랑을 얻고
아들 딸이 생기고, 손주를 얻고

흰머리 아래로 점점 생각이 깊어지고
쓸쓸함으로 영원을 생각하게 되고

다 바람의 공덕입니다
미움과 사랑, 실패와 성취, 고통과 희락
모두 바람의 깊은 뜻이었습니다.

엔딩의 미학

겉살 속살 찢은 게 적이 아니고
평생 붙들고 싸운 게 제 그림자였다

벼랑을 끼고 도는 굽은 길
어둠이 굽이친 강을 휘돌아
울음이 뚝뚝 떨어지는 기슭에서
가슴이 까맣게 탄 분꽃의 씨앗이다

한 젖가슴에서 압록강 두만강
함께하던 시절의 혈연의 뜨거움도
이리저리 온 몸 뒤틀려 흐르며
서로 다른 모습으로 식어가고 있다

새들이 저녁햇살을 물고 줄줄이 비상
하늘 색깔을 바꾸며 소절을 넘기고 있다
바람에 물상의 탈바꿈이 화려하다

슬픔을 넘어선 자가 볼 수 있는 엔딩
쫓기는 마음 없이 소슬히 아름답다.

김혜자 씨

나이 들어 좋은 게 뭐냐고 물을 때
잠시도 머뭇거리지 않고
이제는 끝이 보여서 좋다고 대답하는
그 말이 성스럽게 들렸다

구석구석 마음 다 비우고
언제라도 미련 없이 떠날 준비가 되어있는
함박눈처럼 하얀 마음을
쓴 웃음 뒤에 감추고

흩어진 편린을 퍼즐처럼 맞추어
기억해내고 싶은 사랑 하나만 찾아
하늘로 뜬 별처럼 보였다

여린 꽃잎에 버거운 짐
애먹인 세월에도 티 없이 구김살 없이
새순처럼 갓 돋아난 미소가
그 어떤 꽃보다 예뻤다

구름길 따라 훨훨 하늘 건너가는
한 마리 나비처럼 고왔다.

탕자의 기도

내가 당신께 돌아가기를 망설이는 까닭은
당신의 존재를 의심하고 있기 때문이 아닙니다
내가 아직도 무릎 꿇지 못하는 이유는 당신의
거룩한 품성에 내 진실이 너무 부족하기 때문입니다

참새 눈물만큼도 못 되는 나의 뉘우침은
장대비 같은 당신의 은혜에 비해 너무 보잘 것 없으며
나의 이 거친 말과 어두운 생각들이 당신의 성결 앞에
작은 용기조차 낼 수 없게 하기 때문입니다

나는 지금 방황의 이 길 끝에 서서
당신의 따뜻한 한 마디 부름을 기다리며
떨리는 가슴과 설렘으로 귀 기울이고 있습니다
모든 거짓이 끝나고 사랑이 시작된 자리에서
당신의 못 자국 난 손의 손짓을 앙망하고 있습니다

다 셀 수도 고칠 수도 없는 허물과 죄 다 덮으시고
개똥벌레만한 불씨라도 붙여주시기를 기도하며
타고난 태곳적 순결을 기억 속에서 찾고 있습니다

햇살 같고 달빛 같은 당신의 은혜 앞에 떨며
막아낼 수도 저항할 수도 없는 더 큰 은총으로
부디 날 끌어주시기를 갈망하고 있습니다.

그것 하나 때문에

아이가 예쁠 때 사람들이
왜 이빨자국이 나도록 물어뜯는 줄 아니?
사랑은 그런 거야!
갑자기 맞닥뜨렸을 때 어쩔 줄 몰라
자신도 제어치 못하는 행동이 나오는 거지

잘 생각해 봐!
피를 말리고, 숨이 멎도록 가슴 졸여
지금까지 쓰리고 아픈 흔적이 남아 있다면
그건 진심으로 사랑한 거야

울지도 후회하지도 마!
사랑은 의지로 거부할 수 있는 게 아니야
그냥 마음이 눈빛으로 가서 꽂히는 거야
누가 두들겨 패도 막을 수 없는 거지

눈앞에 찬란한 구름이 은막을 치고
온몸이 달아올라 잠 못 들다 반은 죽어도
지나고 보면 그래도 따뜻한 얘기는
그거 하나 남는 거야

어제는 고통으로 사랑을 지웠지만
오늘은 그거 하나 때문에 웃는 거야.

모압의 모래바람

– 요르단의 페트라 가는 길에 –

사방이 적막으로 둘러쌓인 땅
뼈들조차 설 수 없는 광야에서
모래바람이 괴성을 지르며 엄습해왔다

달리던 차들이 바람에 멈춰서고
앞으로 나아갈 수도 돌아갈 수도 없는
진퇴양난進退兩難의 길에 갇혀
나약함에 모두 가슴 조이며 떨었다

저항할 수 없는 두려움 속에서
미동 없이 긴 침묵이 흐르는 동안

두건으로 얼굴을 감싼 베두인과
깡마른 양떼들이 모래에 몸을 묻고
풍마가 지나가기를 기다렸다

인간의 힘으로 어거할 수 없는
그 땅의 주인은 바로 바람이었다.

아카시아 향기

백 년 전쯤 맡았던 향내 같습니다
눈처럼 날리는 꽃잎 같은 마음
교교한 달빛과 어울리는 향기입니다

꽃그늘로 불명의 편지는 배달되고
소년은 허기진 그리움으로 출렁입니다
까마득한 기억 너머의 웃음소리에
숨겨 두었던 기억이 언뜻 되살아납니다

봄처녀가 꽃등을 길게 걸면
폐항廢港이 꽃밭처럼 화색이 돕니다
꽃잎들이 죽은 바다를 살립니다

아직도 혼자이지 않습니다
달콤한 꽃향기 코끝에 묻어오면
올해도 꿈속에서 해후의 꿈을 꿉니다.

어둠 속에 내가 살아 있다

그대를 꿈꾸면
어둠 속에 내가 살아 있다

그리움이 무너져 벼랑이 되고
생각 없이 뻗은 뿌리가 향방을 잃어도
좁쌀만 한 흑암이 산그늘로 불어나
마을을 뒤덮어오면
나는 그 어둠 속에 살아 있다

눈발이 앞길을 막아서고
잎을 털어내며 숲이 숲을 지워도
울어줄 사람 하나 없는
길 없이 막막한 추상의 구도 안에
지쳐 누운 목숨의 실루엣

그대를 꿈꿀 때
마구간 어둠 속에 나는 살아 있다
어린 양 곁에 숨 쉬고 있다.

여정

내가 본 세상은 꽃피는 봄날 같고
내가 만난 사람들은 모두 꽃이었습니다

살아볼수록 세상은 아름답고
불러보는 이름들 모두 정다웠으니
아침에 잠을 깨면 가슴이 절로 설레어
새소리 바람소리에 숨 막히도록 좋았습니다

머리 위에 밝은 해님을 두고
달빛 아래 어여쁜 당신을 바라보며
함께 사는 세상 꽃잎처럼 아름다웠습니다

여명에 깨어 하루하루 건너오는 동안
모든 인연이 반갑고 소중하였으니
돌아보면 즐겁고 행복한 날들이었습니다.

성탄절 축시

추운 겨울 밤
모-두 새벽잠 깊을 때
눈보다 희고 고운 예수
이 땅에 오셨네

유대 땅, 산골 마을
베들레헴의 초라한 외양간
작은 집 구유에
아기 예수- 고요히 오셨네

하늘의 영광
하늘의 부요 다 버리시고
우리의 살과 피, 그대로 입으시고
가난하고 병든 우리 곁에
무거운 짐 버거운 우리 곁에
주님이 오셨네

믿어워라
하늘의 거룩한 약속 이루어
믿음의 뿌리에서

성령으로 잉태 되신 예수
어린 양 되신 예수

아름다워라
평화가 흔들리는
이 절망의 땅에서
무너지고 흔들리는 가슴 곁에
소망의 빛으로 오신 예수
생명의 떡으로 오신 예수

이 찬란한 아침
뜨거운 가슴 하나 되어
우리 모두 두 손 모아 축하하세
우리의 왕! 우리의 구주!
온 누리에 전하세

(창조문학 2019년 봄호)

억새의 울음

성처럼 짚울을 높이 쌓아올리고
밤마다 봄눈 같은 그리움으로 뒤척인다

속잎까지 붉은 뒷산의 소월 꽃은
교태로 사랑부리지 않았지만
차마 떨치고 가던 눈물 뜨거웠다

늘 잔물결처럼 형형한 눈빛
물관이 된 뼛속 깊이 별 하나 뜨면
발자국소리도 없이 누군가 앞질러 갔다

이제나 저제나 미생의 근심이 범람하는
물안개 깔린 물음 속의 강여울

어둑히 그리움이 뒷걸음을 치면
누가 그토록 흔들어대는지도 모르고
억새는 조용히 붉은 별을 울었다.

영혼을 위한 기도

천둥이 하늘 가르는 순간에도
고개 들어 하늘 우러르게 하소서
포탄에 초토화 된 땅에서도
새싹 같은 기도를 올리게 하소서
비난이 난무하는 회색도시에서도
향기 나는 간구를 드리게 하소서
꽃들이 송두리째 지는 계절
잎 지고 뼈만 남은 골짜기에서도
불굴의 소망을 꿈꾸게 하소서
가난하고 여린 자 하나라도
끝까지 품어 눈물겹게 하소서
좌중에 이름 얻고 빛이 나며
영광을 구하는 그런 기도 말고
굴욕 중에도 사랑을 구하게 하소서
사람 눈에 띄지 않아도 곱게 피는
풀꽃 같은 영혼이 되게 하소서
지나간 자리에 흔적 하나 없이도
받은 사랑 깨우친 큰 은혜에
감사로 가득한 마음이게 하소서.

사막의 물고기(Ichthus)

밤 낮 없이 뼈가 녹아내리는 사막
거꾸러져 칵칵- 모래알을 토해낼 때마다
목구멍에서 물고기가 뛰쳐나온다

단물이 다 빠져나간 강바닥에
파닥거리며 몸부림칠 때의 눈빛처럼
고스란히 혼자 받아내는 돌팔매질에
버려진 목숨이 격한 고통으로 사위어간다

밤 낮 없이 삭아져 내리는 순례에
꽃멀미 같이 황홀할 때가 있다

바람 불 때, 제 가시에 몸이 찔려도
장미처럼 향기 잃지 말자고 마음 다지지만
뻘에 처박혀 칵칵- 뻘흙을 토해낼 때마다
목울대에서 물고기가 뛰쳐나온다

파르르 전율하는 익쑤스
삭풍에 떨려도 마음은 설렌다.

유리 얼굴

상처가 깊어서인지
작은 미소에도 금이 간다.

좋다는 말도
입술에 가벼운 바람일 뿐
빈껍데기 속엔
유행이 지난 물성만 가득하다.

눈물로 찍어 닦지만
성애가 영 가시지 않는다
꽃무더기에 앉혀도
이국으로 보낼 택배물 같다.

"아끼지 말고 써라
가만히 모셔놔도 금 간다"

서산 바라보는
할머니의 말이다.

사크레쾨르의 꽃*

– 몽마르뜨 언덕에서 –

활강의 나래 접고 내려
여기 속죄하듯 피어있구나

굳이 부끄러워 할 죄도 없는데
백색의 교회당 한 모퉁이에
참회하듯 혼자 고개 떨구었구나

붉은 피로 갈증을 풀지 못하고
꿈꾸던 노래 부르지 못한 채 지더니
까마득한 하늘 강을 건너와
바람 언덕에 핀 들꽃 한 송이

사랑을 위해 불꽃이 되더니
이제는 꽃 같은 사랑이 그리워
언 땅에 발 묻고 피었구나.

* 프로이센 전쟁에서 전사한 자들을 위로하기 위해 지은 프랑스 몽마르뜨에

해가 뜨고 달이 지는 일

– 뇌혈류 검사를 마치고 –

언 강을 건너오는 발자국 소리에
폐쇄된 회전로 열리는 소리가 들린다

신생대 어디쯤에서 혈로血路로 돌아오는
화석 같은 검은 야크의 거친 발굽소리
생각에 몰두할수록 뇌리에 천둥이다

벼랑 끝에 부처손이 무성하고
고택 기왓장 위엔 와송이 한 무더기
고대하던 봄빛은 등대 아래서 졸고
얼음장 같은 의지는 거울보다 선명하다

우굴우굴 인파속에서도 혼자
바람은 언제 잠드는지 꿈에서도 의혹이다
참혹한 예감은 언제나 적중
한 때 낭만이었던 일화도 법문이다

산굽이 몇 개를 지나 돌아가는 길
오고 가는 일이 별스럽지 않구나!
해가 뜨고 달이 지는 일이로구나!

폐역

삽날이 땅에 닿을 때
흙이 사-악 아픈 소리를 냈다

슬픔으로 대오가 흐트러진
조촐한 운구행렬 뒤로
망자를 일으켜 세울 듯한
혈족의 곡소리가 눈물로 들끓었다

수숫대도 울컥 끄덕이는 가을
파란만장한 생을 갈가리 뿌리며
허물로 도착한 묘혈에 주검을 묻고
고개 숙여 마지막 고별인사를 올렸다

구름밭 여음이 짙게 깔린
승객 하나 내리는 낯선 폐역에
흙옷을 덮어주고 떠난 지도 스무 해

보리밭 출렁이는 이랑 사이로
언뜻 친구의 얼굴이 스친다.

신앙의 자기장에서 가꾼 정서

– 최영호 시인의 4시집을 감상하며

문학평론가 리 헌 석
(사) 문학사랑협의회 이사장

1.

최영호 시인은 국가의 동량(棟梁)을 기르는 교육자였고, 신학교에서 신앙의 원리를 궁구(窮究)하는 학자였습니다. 신학교에서 퇴임한 후, 그는 가난한 심령을 구원하기 위하여 작은 교회의 목사로 시무하면서, 그림 공부와 글쓰기 공부를 하였습니다. 이때 최영호 시인을 만나 창작한 작품을 서로 돌려보면서 감상하는 기회를 가졌습니다.

이 과정에서 그의 내면을 읽을 수 있었고, 6.25 전후에 태어나 곤고(困苦)한 시대를 살아낸 동질감을 느끼며, 정신적 지기(知己)가 되기로 마음에 새겼습니다. 특히 자라난 환경이 '잘라 놓은 신표(信標)'와 같아서 더욱 아린 정서를 공유할 수 있었습니다. 그가 소년 시절에 겪은 가난과 부모님의 자애, 그리고 아득히 먼 통학길이 너무나 흡사한 체험이었기 때문입니다.

허약하신 아버지는
저녁 숟갈만 놓으시면 이내 주무시고
새벽 세 시만 되면 정확하게 일어나셨다.

어머니가 깨실까 조심스럽게
부엌으로 나가신 아버지는
장작불을 지펴 가마솥 하나 가득
뜨건 물을 준비해 놓으시고
어머니를 깨우셨다.

그 뜨건 물로 새벽밥을 지으신 어머니는
나를 깨워 먹으라고 권하셨으나
힘든 새벽 기상에 나는 몇 숟갈 뜨고
그만 숟가락을 내려놓았다.

—「아버지의 기침소리」 일부

2011년에 발간한 그의 첫 시집 『가버나움』에 수록된 이 작품을 읽으면서 속으로 흐르는 눈물을 가눌 수 없었습니다. 이 시집에는 훌륭한 작품들이 많았고, 문학적 성취를 이룬 작품들이 시인의 내면을 대변하고 있었습니다. 그러나 이 작품을 감상하며 뜨거운 감동을 공유하게 되었고, 오랜 세월이 흘러도 가슴에 짝사랑처럼 남아 있는 작품이었습니다.

같은 시기에 같은 경험을 공유하였다는 것은 그 무엇과도 비교할 수 없는 정서적 일체감을 형성하게 합니다. 시골에서 사시던 우리의 아버지들은 새벽 일찍 일어나 큰 솥에 물을 데우거나, 소에게 줄 여물을 끓이셨는데, 이는 새벽이 되어 차가워진 '구들'을 따뜻하게 하려는 아버지의 말 없는 자애(慈愛)임이 분명합니다.

이렇듯이 최영호 시인은 '신앙의 자기장(磁氣場)'이라는 범주 안에서 세상살이의 여러 에피소드와 자연에 대한 경이를 작품에 담아냅니다. 물론 신앙의 주체에 대한 존경과 사랑은 4시집의 서시(序詩)에서 밝히고 있는 〈큰 빛 받아 사랑길 가게 하신 랍오니시여〉에 각인되어 있으며, 그의 웅숭깊은 신앙의 상징으로 기능합니다.

2.

문학창작의 여정에서 만난 최영호 시인의 문학적 지향에 감탄할 때가 많았습니다. 〈시는 자기놀음이 아니고, 시인에게는 사명이 있기 때문이다. 시는 독자를 감동시키고 더 나아가서 정서를 순화시키고, 변화시키려는 마력이 있어야 되고, 그런 좋은 시를 쓸 때 비로소 시인이 되는 것이라고 생각한다.〉 2010년『문학사랑』신인작품상 당선 소감에서 밝힌 그의 신념입니다. 이와 더불어 소중한 결과에 대해 먼저 하나님께 영광을 돌린다고 밝혔는바, 이는 그의 생각과 느낌과 지향이 '신앙의 자기장'에 속함을 의미합니다.

그는 첫 시집을 내면서도 공손하고 경건한 자세를 견지합니다. 〈이 시집은 다만 나의 지나온 생애를 한번 조용히 돌아보며 나를 반성하고, 고백하고, 기도하고, 용서를 구하고, 각오하며 새로운 삶을 지극히 감사하는 마음으로 창조주께 드리고자 하는 작은 헌물이기 때문이다.〉 〈사실 도중에 몇 번이나 그만 둘까 하는 마음도 있었지만 시편에 "시를 지어 여호와를 찬양하라"는 구절을 읽고, 또 시를 쓴다는 것은 이 세상 모든 사물에서 창조주를 만나는 일이라는 감격스러운 사실에 힘입어 썼다.〉고 첫 시집의 '머리글'에서 밝히고 있습니다.

그의 지향을 오롯이 담은 부분은 〈시를 쓴다는 것은 이 세상 모든 사물에서 창조주를 만나는 일이라는 감격스러운 사실〉로 집약됩니다. 따라서 그가 노래하는 작품은 대부분 신앙으로 귀착(歸着)하게 마련입니다.

한 생애를 건너가는 나는
외로워서 더 깊은 세상을 보았고
슬퍼서 더 아름다운 사람들을 보았지요
가련한 것들로 아파서 행복했지요
만나자마자 헤어져야 될 새벽별처럼
흙에서 태어나 사람꽃 속에 사는 세상
알고 보면 모두가 하늘에서 온
반짝이는 별들이지요.

—「하늘에서 온 별들」 일부

고희(古稀)의 언덕에 이른 시인의 내면이 오롯합니다. 세상에서 만난 사람과 같이 살아가면서도, 헤어지는 사람들을 통하여 슬픈 정서가 발현됩니다. 그리하여 시인은 '아름다운 작별'을 위해 꽃피는 봄날에 만나자고 합니다. 사랑보다 더 깊은 '고독'은 잎이 돋아나기도 전에 이미 그 안에 숨어들어 있었다고 노래합니다. 십자가의 못자국보다 더 아픈 '슬픔의 입자'들이 새어나오면 고향집 우물물 위로 떨어지는 하얀 배꽃이 슬퍼서 밤새 잠을 이루지 못합니다. 이런 정서의 흐름을 시인은 작품에 담아냅니다. 그와 만나는 모든 사람들이 세상의 '꽃'이기도 하고, 하늘의 '별'이기도 합니다. 그리하여 '괭이밥꽃'과 '싸랑부리꽃' 위로 별이 뜨는 산봉우리를 만나고, 쪽배처럼 흘러가는 구름에 자신의 '생애'를 견줍니다. 그리하여 작품은 슬퍼서 울음 울게 하고, 다시 울음 속에서 별이 되는 정서를 공유하게 합니다.

윤사월 저문 산비알에
밀월이 꽃비로 내리고 있다

종래, 그건 사랑이 아니었다고
스스로 억지를 부려도
저녁 햇살이 곱게 물들면
절로 애련에 젖는 미말의 적요.

여린 호흡이 하르르 꺼지고
분분한 바람 울음 없이 불면
붉은 목숨이 조용히 꽃비로 내린다.

벌 나비 음곡音曲 없이 떠나고
눌변의 후조만 돌아와 끼룩이는 밤
저문 산이 다투어 춤추듯
꽃잎 하늘하늘 곱게 날리면

아! 이보다 더 애달고 찬란한 순교가
이 세상 어디에 또 있으랴.

—「사월의 꽃비」 전문

이 작품은 최영호 시인의 대표작으로 꼽아도 무리가 없습니다. 전체적으로는 이해하기 쉬운 구조로 되어 있지만, 몇몇 시어들이 다양성을 띠고 있어 '난해시'로도 보입니다. 그렇지만, 이러한 작품들은 비유와 상징으로 작품의 수준을 높이고 있으며, 주제 역시 선명하게 드러납니다.

우선 시어의 원관념부터 알아보기로 합니다. 1연의 〈윤사월 저문 산비알에/ 밀월이 꽃비로 내리고 있다〉에서 '산비알'은 '산기슭이나 산허리의 가파르게 기울어진 땅'이라는 '산비탈'의 방언이고, 밀월(蜜月)은 '꿀처럼 달콤한 달'이라는 의미에서 '꿀'의 대유로 보아도 좋습니다. 그러면 1연은 음력으로 윤달인 4월이 저물어가는 산비탈에 단비(꿀과 같이 달콤한 봄비)가 내린다는 서경묘사로 이루어낸 훌륭한 형상화입니다.

2연의 일부 〈저녁 햇살이 곱게 물들면/ 절로 애련에 젖는 미말의 적요.〉에서 '저녁 햇살'과 '미말' 그리고 1연의 '저문 산비알'은 시간적 질서가 동일합니다. 저절로 애처롭고 가여워 불쌍하게 젖어드는 '미말(未末, 미시의 끝, 오후 3시경)'의 고요하고 적적함이 이해될 수 있습니다. 시어 '미말'에 대하여, '어떤 사물의 끝'을 가리키는 미말(尾末)로 해석할 수도 있지만, 그 보다는 시간적 질서가 더 가까워 보입니다.

이어 3연과 4연, 그리고 5연은 자연스럽게 감상할 수 있는 작품이어서 감동은 배가(倍加)되게 마련입니다. 특히 〈애달고 찬란한 순교가/ 이 세상 어디에 또 있으랴.〉를 통하여 신앙의 자기장에서 이룬 지극(至極)의 경지를 발현합니다. 그러나 최영호 시인은 순수한 서정시에서 더 큰 감동을 생성하는 마력의 소유자입니다.

봄 한철 격정의 꽃길을 지나
돋아난 잎들이 온 산을 덮는다

굽어 도는 봉수레미골
짙어진 녹음의 터널을 걸어가면
푸른 바람에 가슴이 설렌다

향그런 웃음소리에
연모는 꽃무더기로 쌓여가고
꽃술처럼 맑은 마음이 솟아올라
머릇잎 사이로 날아간다

까맣게 서로 잊고 살던
만산 초록의 운해가 둥실 떠올라
호젓이 머들령을 넘는데

산굽이 무성한 눈빛들이
꽃봉오리처럼 활짝 눈을 뜬다.

―「만인산에서」 전문

이 작품은 읽히는 그대로 읽어도 좋습니다. 에둘러 설명하지 않아도 눈에 그려지는 이미지가 선명합니다. 이러한 과정을 거쳐 가슴 속으로 흐르는 감동의 흐름을 만나게 됩니다. 이렇듯이 능수능란하게 작품을 완성하는 것이 최영호 시인의 문학적 자질입니다.

두보의 '곡강시'를 원용하여 빚은 「꽃잎 선물」에서도 유사한 감동을 공유하게 됩니다. 〈내 몸이 내 것이 아닙니다/ 내 목숨도 내 것이 아닙니다〉라는 깨달음에서 출발하여 〈푸르디푸른 버들가지였다가/ 봄 사월 눈부신 꽃송이였다가/ 일몰에 강가에서 우는 바람〉으로 자리를 잡습니다. 그러면서 〈강물 따라 큰 웃음으로 가는 길목/ 벗어 놓은 신발에 꽃잎이 가득입니다/ 머무는 법 없는 바람의 선물〉로 시상이 전개됩니다. 이 바탕에서 시인은 서정적 마무리를 짓습니다. 〈모두가 내 것이 아닙니다/ 빌려 쓰고 가는 꽃잎〉이라는 데에 이르러 그의 무한한 상상은 '무소유를 지향하는 내면'으로 거듭납니다.

이러한 깨달음은 그를 외로움에 잠기게도 합니다. 어쩌면 번잡한 세속의 여러 요소와 요건들로부터 벗어나, 자신을 외로움의 대유인 '무인도'로 인식하여 '군중 속의 고독'을 형상화한 것 같습니다.

사람 속에 무인도로 떠 있다
손전화를 열면 시공의 위치가 있지만
나는 그 시간 속에 있지 않고
버뮤다* 제도에 한 섬으로 떠 있다

군함도 같이 까만 역사를 껴안고
차마 내비치지 못할 속사연을 품고
달려와 가슴 내리치는 파도와 맞서고 있다

출렁이며 스쳐가는 만 톤 함선에서
일당이 발광하듯 비웃음을 던져대고
끼룩끼룩 괭이갈매기들이 지청구를 해도

대해에 부동으로 떠 있는 섬

나는 이 너른 지구와 별 사이에
오직 한 사람 그대에게만
내방來訪을 허용하고 싶은 무인도다.

―「무인도(無人島)」 전문

주제의 명징함도 뛰어난 작품이지만, 소재의 다양성과 유려한 표현이 작품의 품격을 높이고 있습니다. 〈나는 그 시간 속에 있지 않고/ 버뮤다 제도에 한 섬으로 떠 있다〉고 절해고도의 절대고독을 노래하면서 〈오직 한 사람 그대에게만/ 내방來訪을 허용하고 싶은 무인도〉라고 '그대'를 기다리는 시심을 담아냅니다.

이러한 시심은 「바닷물이 달빛에 끌리듯이」에서 완곡하게 드러납니다. 〈당신을 기다리지 않겠습니다/ 길 위에 깔린 달빛 조심스럽게 밟으며/ 이제 그대 마중〉을 나서겠다고 합니다. 그런 한편으로, 〈더 이상 그리워하지 않겠습니다/ 사각사각 낙엽 밟는 소리 귀 기울여/ 다시 살아오는 슬픔을 따라〉 나서겠다고 밝힙니다. 그는 다시금 〈오지 않는 사람 탓하지 않고/ 봄빛 환한 꽃길로 찾아〉 나서겠다고 강조합니다. 개울물이 강을 거쳐서 바다로 가듯이 자연스럽게 눈물길을 따라 '그대'를 찾아 나서겠다는 내면은 '기다림의 정서'에서 '찾아 나섬의 정서'로 확장됩니다. 그는 현실의 욕심을 버리고자 하면서도, 진정성 있는 객체에 대한 관심은 '그리움의 정서'로 환기하고 있습니다.

3.

최영호 시인의 작품 세계는 '신앙의 자기장' 안에서 꽃을 피우고 별을 노래합니다. 그리움의 성채(城砦)에서 다양한 정서를 작품으로 빚습니다. 그리하여 그의 노래에 귀를 기울이게 되고, 밤을 새워 그의 작품을 감상하게 합니다. 이러한 마력은 주제와 제재를 통하여 발현되지만, 표현의 독창성이 '짚신의 터럭 뜯기'와 같은 효과를 극대화하기 때문입니다. 각각의 작품에서 표현의 멋과 맛을 살려낸 부분을 찾아 그의 오묘한 감성을 확인하고자 합니다.

① 떡갈나무 위에 조각달은 서성이고
부엉이 소리 머언 기슭으로
새 힘을 얻은 봄날이
그 날처럼 밀려오고 있다.

—「대청호의 봄」 일부

② 바람만 스쳐도 잉태하는 슬픔은
눈부신 꽃가지에서도 피어났다.

—「연꽃 한 송이」 일부

③ 마음이 빈집의 달빛 같습니다
개울 물소리 흥건한 파꽃 향에
그리움이 애벌레처럼 파고듭니다

—「달빛에 그림자밟기」 일부

④ 하늘 어머니 주룩주룩 흐느끼시고
뗏장에 들러붙어 나도 따라 울었다.

—「뗏장」 일부

①은 〈허리 휜 물푸레나무 사이로/ 안개꽃 몇 송이가/ 물 먹은 별처럼 껌뻑이고 있다〉로 시작한 작품의 마지막 부분입니다. 중간을 생략해도 '어머니 젖무덤 같은 고향'을 떠올릴 수 있는 작품입니다. ②는 작품의 서두이며, '너와 내가 피워낸 삶'으로서의 연꽃의 구체화를 보여줍니다. ③도 작품의 서두이며, 달빛에 그림자밟기의 허망함을 '묘사와 비유'를 통하여 승화시킵니다.

④는 어머니의 묘소와 관련한 시인의 내면을 사실적으로 그려낸 작품입니다. 〈여러 해 아무리 애써도/ 어머니 무덤에 뗏장이 안 붙는다〉로 시작한 이 작품은 의식의 서사성을 내포하고 있습니다. 정성을 다하였더니 8년째에는 뗏장이 붙습니다. 3년이 지나서 가보니 또 뗏장이 떨어져 있습니다. 그러다가 20년째 지팡이 짚고 찾아뵈니 뗏장이 잘 붙어 있습니다. 마지막은 영화의 한 장면 같습니다. 〈어머니!/ 박박 기어서라도 꼭 오겠습니다./ 그것도 안 되면 업혀서라도 오고/ 그조차 안 되면 모든 걸 접고/ 아주 어머니 곁으로 오겠습니다.〉 눈물 겹게 약속합니다. 그날의 하늘도 주룩주룩 흐느끼시고, 어머니 묘소의 뗏장에 붙어 시인도 울었다는 결미를 읽으며, 동시대를 살며 동질적인 체험을 겪은 필자 역시 같은 마음으로 눈물을 흘리게 됩니다.

정서의 오롯함으로 감동을 생성한 작품들도 뛰어나지만, 자신의 지향과 의지를 표현한 작품에서 시 감상의 강렬한 감동을 새롭게 공유합니다.

⑤ 꽁꽁 언 손안의 기도 속에
하얗게 빨고 싶은 하루가 진다.

—「저녁 빨래」 일부

⑥ 찢어진 깃발에
향기 없는 바람이 되어 흔들릴 때
그대는 어찌 부르짖지 않는가?

—「삶의 선물 같은 그대」 일부

⑦ 고독은 존재의 증명이다
나는 고독하다 그러므로 존재한다
나는 인간이다 그러므로 고독하다.

—「고독의 알파와 오메가」 일부

⑧ 알 수 없는 미래에 대한 근심으로
오늘의 행복을 깨지 말라
오늘 행복해야 내일도 행복하다.

—「오늘」 일부

⑤의 서두는 〈사랑은 왜 퍼주고도 모자라는가/ 가슴 다 비워도 부족하다〉로 시작합니다. 이어 아내에 대한 두 연이 진행되고, 마지막 4연이 인용문입니다. 생활 속의 사소한 소재에서 삶의 의미를 찾아내는 시심을 보입니다. ⑥은 7연 구성입니다. 1연은 〈한적한 골목에 가난한 달이 떠/ 남몰래 울고 싶을 때/ 그대는 왜 말없이 깊어지는가?〉로 출발하여, 4연의 인용문을 거쳐, 마지막으로 〈희비의 경계선 없이/ 나목처럼 말없이 견뎌온/ 내 삶의 선물 같은 사

람〉을 찾습니다.

⑦의 서두는 〈인간이 원하는 바가 아니지만/ 고독하지 않은 사람은 없다〉로 시작합니다. 이어서 〈고독은 질량이 아니라 추상이다〉〈영혼의 뿌리에 고독이 있다〉〈생의 절정에도 끝에도 고독이 있다〉는 잠언(箴言) 생성의 과정을 거쳐 인용문에 도달한 작품입니다. 감정을 최대한 억제하고, 객관적이고 철학적인 사유를 작품에 담아내고 있습니다. ⑧ 역시 1~3연에 각각 〈오늘 하루 살아 있어 행복하다〉〈오늘 하루 평탄한 길이어서 좋다〉〈오늘 하루 웃을 수 있어 감사하다〉고 안분(安分)하면서 인식의 결과를 예문과 같이 적시(摘示)합니다.

4.

최영호 시인은 〈길이 없어도/ 길을 만들어 가는 강물 같은/ 그런 사람〉이 되고자 합니다. 〈무서리에도/ 호박잎처럼 풀 죽지 않고/ 활짝 향기 뿜어내는 국화〉처럼 견고하고자 합니다. 〈산 넘고 바다 건너와/ 온갖 풀꽃들을 키우는 봄바람〉처럼 살고자 합니다. 〈누구나/ 온화하게 어루만져/ 꽃피워주는 그런 사람〉이 되기를 소망합니다. 이런 소망으로 시를 창작하기 때문에, 그는 신앙의 자기장에서 더욱 빛나는 작품을 빚으리라 믿습니다.

특히 최영호 시인은 〈사랑이 뭔지 알고/ 사랑하는 사람들이 생기고/ 사랑 때문에 설레고 쓰리고 아프고/ 사랑 때문에 죽을 맛, 살 맛 다 보고난 후/ 사랑은 줄 것 다 주고도/ 다 주었다고 말할 수 없는 것이라는 걸〉 깨달은 사람입니다. 이런 깨달음 속에서 불특정

다수의 독자들에게 〈다 주고도/ 다 주었다고 말할 수 없는 것〉을 선물하기 위해서 쉼 없이 시를 창작하리라 믿습니다.

이와 같은 작품 감상을 통하여, 세상을 살아내느라 어쩔 수 없이 때 묻은 영혼의 씻김을 공유합니다. 이런 감동으로, 최영호 시인의 4시집 『멀리서 달려오는 새벽』에 수록된 작품 감상의 여로를 접습니다.

멀리서 달려오는 새벽

시월 최영호 제4시집

발 행 일 | 2019년 5월 31일
지 은 이 | 최영호
발 행 인 | 李憲錫
발 행 처 | 오늘의문학사
출판등록 | 제55호(1993년 6월 23일)
주　　소 | 대전광역시 동구 대전로867번길 52(한밭오피스텔 401호)
전화번호 | (042)624-2980
팩시밀리 | (042)628-2983
전자우편 | hs2980@hanmail.net
카　　페 | cafe.daum.net/gljang(문학사랑 글짱들)
cafe.daum.net/art-i-ma(아트매거진)

공 급 처 | 한국출판협동조합
주문전화 | (070)7119-1752
팩시밀리 | (031)944-8234~6

ISBN 978-89-5669-175-6
값 20,000원

* 이 책은 교보문고에서 eBook(전자책)으로 제작 · 판매합니다.
* 잘못 제작된 책은 바꾸어 드립니다.

* 이 도서의 국립중앙도서관 출판예정도서목록(CIP)은 서지정보유통지원시스템 홈페이지(http://seoji.nl.go.kr)와 국가자료종합목록시스템(http://www.nl.go.kr/kolisnet)에서 이용하실 수 있습니다. (CIP제어번호 : CIP2019019063)

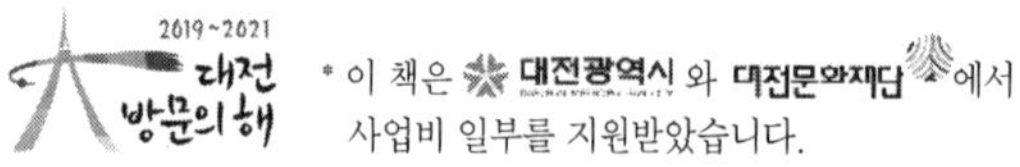

문학사랑 시인선

001	전태익	눈빛 닿는 곳마다
002	리헌석	갈채하는 숲
003	상동규	수직으로 일어서면 수평으로 눕는 바다
004	정재권	대나무를 충고한다
005	조남익	기다린 사람들이 온다
006	정진석	아름답고 향기로운 사람꽃
007	양태의	혼자 우는 뒷북
008	리헌석	섬버위
009	이순조	하늘 닮은 사랑
010	김명배	몸 밖에 마음 두고
011	김기양	김기양의 허수아비
012	경홍수	솔바람의 향기
013	이완순	세상 위에 나를 그리다
014	오희용	이야기 나무
015	곽우희	여전히 푸르고
016	조근호	바람의 동행
017	김영우	길 따라 물길을 따라
018	조남익	광야의 씨앗
019	지봉성	고도
020	이근풍	아침에 창을 열면
021	나이현	들국화 향기 속에
022	이영옥	길눈
023	전성희	당신의 귀가 닫힌다
024	김기원	행복 모자이크
025	김영수	소쩍새 한 마리
026	고덕상	고요한 기다림
027	권상기	초록빛 그리움
028	김주현	분명한 모순
029	김해림	멈추지 않는 발걸음으로
030	김영우	갈맷길을 걸으며
031	이완순	海印을 찾다
032	엄기창	춤바위
033	장덕천	싸구려와 친구하다
034	조남익	흙빛의 말